①
중화요리와 돼지고기

①

중화요리와 돼지고기

차례

들어가는 글 · 6
일러두기 · 10

중화요리
중화요리 안내 · 18
개화 · 22
대가방 · 26
레드문 · 30
맛이차이나 · 38
매화반점 · 44
성민양꼬치 · 52
송쉐프 · 58
안동장 · 62
여명 · 66
오구반점 · 70
외백 · 76
인량훠궈 · 82
진진 · 92
팔레드 신 · 98
하하 · 106
향미 · 110
현래장 · 116

차례

나의 맛집 찾는 방법 · 120
맛집 엑셀 파일이 탄생하기까지 · 126

돼지고기

돼지고기 안내 · 132
금돼지식당 · 136
길목 · 142
꿉당 · 146
나리의 집 · 152
남영돈 · 158
땅코참숯구이 · 164
마부자생삼겹살 · 170
몽탄 · 178
부암갈비 · 186
삼각정 · 190
성산왕갈비 · 196
크라운돼지 · 200

나가는 글 · 204

참고자료 · 207

들어가는 글

내가 좋아하는 것

개인적인 이야기를 잘 나누지 않는 편이다. 특히나, 방송에서 주로 진행 역할을 맡다 보니 남들의 이야기를 듣고 그것을 전달하는 일에 익숙하다. 하지만 음식과 관련해서는 다르다. 음식에 관한 이야기는 불쑥 튀어나오곤 한다. 맛있는 음식을 먹으러 다니는 일, 식도락이 내 삶에서 큰 즐거움 중 하나라 그런 것 같다. 다른 사람과 식도락 경험을 공유하는 것 또한 즐거운 일이다.

즐거움이라고 하니, 문득 얼마 전 주헌이형과 나눈 대화가 떠오른다. 업무차 술자리를 가진 후 함께 이동하던 중이었다. 그날은 형이 골프를 치고 온 날이었다. 둘 다 거나하게 취한 상태에서 대화를 나눴다.

박 왜 그래? 오늘 골프 별로였나 보네?
이 못 쳤어...
박 바보 같네? 형, 왜 그렇게 열심히 해?
이 잘하고 싶어...
박 왜?
이 재밌어.

"재밌다"라는 주헌이형의 말을 듣고 나를 되돌아봤다. 지금 내가 잘하고 싶은 게 있나? 당장 떠오르는 딱 한 가지는 돈 잘 벌고 싶다는 거였다. 그거 말고는 관심이 있거나 열심히 하고 싶은 것이 없었다. 그러면 나에게 순수하게 즐거움을 주는 건 무엇일까 생각했다. 정말로 순수한 즐거움을 주는 것은 음악, 영화, 그리고 음식 정도인 것 같다.

어릴 적부터 식도락을 즐겼다. 부모님의 영향이 컸다. 어린 시절부터 부모님과 함께 다닌 음식점들이 상세히 기억나는 편이다. 우리 가족은 동네 음식점에 가도 항상 음식에 관한 대화를 나눴다. 디테일한 평가보다는 "여기는 이거 맛있네", "이건 별로다" 같은 간결한 평가를 달았다. 그런 부모님의 행동을 보며, 나 역시 그런 방식을 체득하게 됐다. 점차 맛있는 음식을 찾아가는 것이 즐거움으로 자리잡게 되었고, 맛있는 음식을 먹는 것뿐만 아니라 그곳을 찾아가는 여정 자체에도 즐거움을 느끼게 되었다.

식도락에 술이 결코 빠질 수 없다. 아버지와 나의 첫 술자리는 비교적 늦게 성사되었다. 고등학생 때부터 부모님과 술을 나눈 친구들이 부러울 때가 있었다. 아버지가 그런 순간을 만들어 주길 바랐지만, 그런 기회는 오지 않았다. 재수를 결정한 후 처음으로 아버지와 술자리를 가지게 됐다. 어머니가 "아들에게 첫 술은 아버지가 따라줘야 한다"라며 자리를 주선해 줬다. 부모님과 나 모두 술자리를 즐기는 편이라 그 자리는 특별히 즐거웠다. 아버지도 그 자리가 나쁘지 않았는지 그 첫 술자리 이후로 부모님과의 술자리는 자주 찾아왔다. 특히 명절에는 하루 종일 가족들과 함께 술자리를 가지곤 한다.

식도락 계획을 세우는 것부터 큰 즐거움을 느낀다. 마치 택배로 주문한 물건을 받기 전이 제일 즐겁다고 하는 것과 비슷하다. '어떤 음식점을 방문할까?' 또는 '거기서 어떤 메뉴를 선택할까?'와 같은 생각을 하는 것부터 즐겁다. 식도락을 여행에 비유하면, 여행 계획을 짜는 것을 즐기는 사람이랄까. 사람마다 여행이 언제부터 시작되는지는 다르다. 어떤 사람은 여행지에 도착한 순간부터, 어떤 사람은 여행을 결정한 순간부터 여행이 시작된다고 본다. 나는 후자에 더 가깝다고 생각한다.

대체로 사람들이 싫어하는 웨이팅도 나는 즐기는 편이다. 버블티 체인인 타이거슈가가 처음 한국에 처음 개업했을 때, 버블티 두 컵 마시려고 2, 3시간 이상을 기다렸다. 어떤 이들에겐 이해할 수 없는 행동일 지 모르겠지만, 그 기다림 자체도 즐거움의 일부로 느낀다. 한 번은 〈이스타TV〉에서 월드컵 관련 일로 두바이에 출장을 간 적이 있다. 한 테마파크를 방문했다. 그런데 그곳에는 대기줄이 없었다. 오히려 재미가 떨어졌다. 기다리는 재미 하나를 잃은 느낌이었다.

지금까지 방송에서 내가 어떻게 식도락을 즐기는지에 대해선 구체적으로 밝힌 적은 없다. 이 책에선 방송에서 공개하지 않았던 이야기들을 많이 담았다. 특히, 식도락 여정을 처음부터 끝까지 다뤘다. 식당을 처음 인지하는 것부터 시작해서 식당에 어떻게 가는

지, 어떻게 주문하고, 어떻게 회고하는지까지 담았다. 그리고 엑셀 파일을 어떻게 만드는지, 어떤 블로그에서 어떻게 정보를 얻는지도 공개했다.

물론, 추천 맛집이 소개되어 있다. 그동안 여러 번 맛집 추천을 요청해 왔던 많은 이들이 있었고, 언젠가 답을 하고 싶었다. 다만, 이 책의 목표를 독자가 자신만의 식도락 여정을 만들어 가는 것을 돕는 걸로 잡았다. 마치 물고기를 잡아 주는 게 아니라 물고기 잡는 법을 알리듯이 말이다. 실질적인 정보 외에도 중간중간에 관련된 에세이를 덧붙여서 독자들에게 좀 더 가까이 다가갈 수 있도록 했다. 『번개로드』는 식도락을 즐기는 데 조금의 도움이라도 주기를 바라는 마음에서 시작됐다.

일러두기

나는 최대한 맛 평가를 안 하는 편이다. 이유는 크게 두 가지다.

첫째, 내가 음식의 맛을 잘 못 느낀다. 특히 다른 사람들에 비해 상대적으로 둔감하다고 느낄 때가 많다. 주위에서 보면, 나보다 민감한 혀를 가진 사람이 제법 많다. 레스토랑에서 요리를 맛보고 그 안에 들어있는 재료들을 전부 알아내는 사람들도 있다. 반면에 나는 어떤 재료가 들어있는지조차 모르는 경우가 태반이다.

둘째, 나는 맛은 지극히 개인적인 취향의 영역에 속한다고 생각한다. 그래서 나는 만인에게 맛있다고 인정받는 음식이라는 것은 존재하지 않는다고 생각한다. 물론, 내가 어떤 음식을 맛있게 느꼈다면 그 경험과 감상을 자세히 나눌 수 있다. 다만, 그런 점들이 다른 사람들과 다를 수도 있다는 점을 명심한다. 또한, 자칫하면 '먹부심' 부리는 모양새가 될 수도 있기에 되도록 경계하는 편이다.

그래서 나는 식당에 대해 평가할 때, 음식의 맛보다는 식당 전반에 초점을 맞춰 이야기하는 것을 선호한다. 식사 전·후의 경험에 대해 더 많이 언급하는 편이다. '분위기가 좋다.', '서비스가 훌륭하다.'등의 말을 자주 한다. 특히, 플레이팅과 인테리어 등 미적인 측면에 더 관심이 있다. 예를 들어, 한 블로그에서 추천한 고깃집을 살펴볼 때, 가장 첫 번째로 주목한 것은 '무슨 고기 쓰냐?'였고, 그다음이 바로 '실내장식이 어떤가?'였다. 실제로 출입문에 크고 멋진 소나무가 있는 걸 보고 그 고깃집에 가기로 결정했다.

멋진 플레이팅을 보는 즐거움이 있다. 나는 가끔 디올, 샤넬, 생로랑 등의 명품 브랜드의 여성복 패션쇼를 시청하곤 한다. 여성복을 입고 싶어서가 아니라 단지 우수한 미적 감각을 즐기고 싶기 때문이다. 심지어 나중에 미학 공부를 별도로 하고 싶은 마음을 갖고 있다. 레스토랑을 바라보는 것도 이런 관점과 비슷하다. 그래서 디자인, 인테리어, 플레이팅이 우수한 식당을 선호한다. 이 점은 나만의 독특한 취향일 수도 있다. 미슐랭 가이드는 맛만을 기준으로 식당을 평가한다고 알려져 있다. 그런 점에서 보면, 나의 픽은 미슐랭 가이드와 궤를 달리하는 경우가 많다.

나는 비교적 식당 전반을 살피려고 한다. 하지만 그럼에도 불구하고, 나 자신이 그 식당에 대해 잘 알고 있다고 자부하진 않는다. 기껏해야 3, 4번 정도 방문한 정도에 불과하기 때문이다. 많아봐야 10번이다. 내가 구독하는 한 블로거는 게시물 포스팅 마지막에 'P.S 본 블로그는 해당 음식점을 방문한 특정 시점에서 개인적인 주관에 따라 느낀 점을 서술한 것이므로, 해당 음식점의 일반적인 평가는 아니라는 점을 밝힙니다. 비밀댓글도 사양합니다.'라는 각주를 항상 단다. 나 역시 이런 생각을 공유한다. 식당을 구성하는 무수히 많은 요소들 중 가운데 대수롭지 않거나 우연히 알게 된 것을 무턱대고 주목할 수 있다고 생각한다. 심지어는 기억의 왜곡으로 잘못된 정보를 말할 수도 있다. 그러기에 가능한 한 신중하게 접근하려 한다.

이쯤 하면 누군가는 내가 식도락 책 출간하려는 의지가 있는지 의문을 가질 수도 있겠다. 『번개로드』는 식도락 입문자와 초심자들을 위해 음식과 식당에 대한 정보를 담아낸 책으로 기획했다. 그저 맛집 리스트 나열을 넘어서, 소개된 식당을 대략적이라도 파악할 수 있게 하는 것이 『번개로드』의 목표이다. 완전히 알아간다는 느낌보다 어느 정도 알아간다는 느낌만 주면 성공이다. 일종의 '식도락 아는 척 매뉴얼'이다. 그래서 개별 식당을 소개하기에 앞서, 큰 맥락에서 식당을 다루려 했다. 무엇보다 분류를 통해 식당을 좀 더 체계적으로 알아가는 걸 중점으로 두었다.

예를 들어, 연남동에 있는 '향미'를 다룰 때, 그저 화상 중국집이라고 소개하는 대신 '대만식' 화상 중국집이라는 분류에 속하는 중식당이라고 말하고 싶었다. '대만식'이라는 분류를 알게 되면, 많은 것들이 자연스럽게 이해되니까. 왜 메뉴에 '대만식 돈까스', '우육탕면', '산동식 왕만두'가 있는지 이해하게 된다. 그리고 같은 카테고리에 속하는 '연교', '조원', '월량관' 등의 같은 분류에 속하는 다른 식당이 자연스럽게 따라온다. 서울에서 5년 이내에 신장 개업한 식당 10개 중 8개가 문을 닫는다는 점을 고려하면, 개별 식당을 알리는 것보다는 큰 분류를 알려주는 게 더 유익하다고 생각했다.

물론, '우리는 ~식'이라고 표명한 식당은 많지 않다. 메뉴, 인테리어 등 식당의 구성 요소를 살펴 대략 짐작할 뿐이다. 또한, 이런 분류를 하는 식도락가를 거의 찾아볼 수 없다. 어쩌면 전문가 사이에서는 너무나 당연한 이야기라서 굳이 언급하지 않았을 수 있다. 하지만 주지하다시피 이 책의 예상 주요 독자층으로 식도락 입문자와 초심자를 상정했다. 이들 대부분이 이런 분류가 어려울 것이라고 생각했다. 그래서 일찍이부터 나름대로 식당의 분류를 시도했던 이들을 소개하고, 참조했다.

식당의 선정은 방송에서 사용했던 자료를 기반으로 이루어졌다. 이전에 랩추종윤의 팟캐스트 방송인 〈주책남들〉에서 '이거 먹고 갈래'라는 식당 추천 코너를 진행한 적이 있다. 당시에 개별 식당 추천에 앞서 식당의 분류를 소개해서 호응을 얻은 바가 있다. 2019년 7월 23일에 중식, 2019년 10월 23일에 돼지고기 맛집을 소개했고, 당시에 총 45개의 식당을 다루었다. 이번 책에서는 중식 17개, 돼지고기 12개를 포함해 총 29개의 식당을 소개했다. 방송 때보다 책에서 소개하는 식당의 수가 줄어든 이유는 취재가 가능하며, 비교적 가격이 적당하며, 무엇보다 비교적 분류가 용이한 식당을 선별했기 때문이다.

소개하는 곳들 대부분 대표격 식당에 가깝다. 네이버에 검색하면 금방 나오는 아주 유명한 곳이다. 혹시나, 나만 알고 있는 비장의 식당을 추천하길 기대했다면 실망할지도 모르겠다. 솔직히 이야기하면 그런 데를 알지 못한다. 또한, 추천 식당의 위치가 대부분 서울이다. 나의 생활 반경이 주로 수도권이다 보니 추천 식당

목록 역시 수도권에 한정될 수밖에 없다. 나의 경우 생활 반경 밖으로 나가는 일이 적은 편이다. 남들 다 다니는 해외여행도 이제 고작 두 곳 다녀온 게 전부다. 그것도 업무차 두바이와 카타르를 방문한 것이다. 수도권 이외의 지역 맛집을 추천하지 못한 건 나 역시도 아쉬운 부분이다. 나중에라도 그런 기회가 생기길 바란다.

이 책의 기본 형식은 인스타그램 '번개로드(@lightning.road)' 형식을 따랐다. 차이점은 '주요 메뉴 및 가격', '번개맨의 추천메뉴', '1인당 가격', '방문 계획 세우기'라는 항목들이 추가되었다. '주요 메뉴 및 가격'은 메뉴 전체를 살펴볼 수 있도록 추가한 항목이다. 메뉴를 알면 어떤 요리를 낼 수 있는 식당인지 대충 감을 잡을 수 있다. '번개맨의 추천메뉴'는 인스타그램 번개로드보다 더 자세히 추천 메뉴를 기술했다. '1인당 가격'과 '방문 계획 세우기'는 카카오맵과 구글맵스의 항목을 참조해 추가했다. 이 정보를 통해 '어느 지역의 어느 식당에서 어떤 시간에 만나자'라는 제안을 할 수 있길 바란다.

식당 정보는 긴 글 형태로 풀어냈다. 식도락 초심자를 기준으로 설명을 자세히 했다. 추천 식당에 대한 전반적인 내용과 추천 메뉴에 대해 왜 추천하는지 썼다. 설명이 다소 많은 이유는 이해가 어려울 수 있는 부분이 꽤 있기 때문이다. 필요에 따라서는 본문 외에 부록도 추가했다. 어려운 개념을 설명하거나 식당과 관련한 재미있는 이야기들을 담았다. 자료는 2023년 6월까지의 것을 바탕으로 했다. 이 점 참고하면서 책을 활용하면 좋을 것 같다. 또한 도서 마지막 부분에 참고한 자료의 출처를 밝혔으니, 때마다 해당 항목을 확인하면서 참고하면 좋을 것 같다. 식도락에 입문하고 싶은 누구에게라도 조금이라도 도움이 되면 좋겠다는 마음으로 『번개로드』를 집필했다.

개화
대가방
레드문
맛이차이나
매화반점
성민양꼬치
송쉐프
안동장
여명
오구반점
외백
인량훠궈
진진
팔레드 신
하하
향미
현래장

중화요리

중화요리 안내

지금 대한민국에 있는 중식당의 형태는 크게 두 분류로 나눌 수 있다. 짜장·짬뽕·탕수육이 메인인 '현지화된 중국집' 혹은 짜장·짬뽕·탕수육을 메인으로 하지 않는 '중국 본토 스타일 중국집'으로 나눠진다.

짜장·짬뽕·탕수육이 메인인 한국 현지화된 중국집은 다시 세 가지로 세분화할 수 있다.

1번, 한국인이 운영하는 배달을 주력으로 동네에서 흔하게 볼 수 있는 중국집이다. 이름들이 보통 상호명이 'OO반점' 혹은 'OO원'이다. 이곳들의 특징은 중식 이외에도 제육볶음, 오므라이스, 냉면, 콩국수, 돈까스 등 다양한 메뉴가 있다.

2번, 지방 국도나 간선도로 근처에 있는 수타 짜장집이다. 오모리 김치찌개 같은 메뉴에 있는 약간 기사식당의 느낌이다. 수타 짜장의 맛이 보통 짜장의 맛에 비해 색달라서 나름의 맛이 있다. '이비가짬뽕' 같이 브랜드화가 되기도 했다.

3번, 화교가 운영하는 배달 안 하는 중국집이다. 흔히 노포 화상 중국집이라고 불리는 중식당들이 여기에 해당한다. 보통 맛집으로 불리며 찾는 분류가 여기에 해당에 해당한다.

짜장·짬뽕·탕수육을 메인으로 하지 않는 중국 본토 스타일 중국집은 다시 네 가지로 세분화해볼 수 있다.

4번, 호텔 중식당이다. 유명한 곳은 신라호텔 팔선, 조선호텔의 홍연 등이 있다. 또한, 명동 근처에 있는 신세계호텔 레스케이프호텔의 팔레드 신이 있다.

5번, 고급 요리를 내는 중식당이다. 호텔 중식당은 아니지만, 고급 중식 요리를 맛볼 수 있다. 대표적으로 동파육이 유명한 목란, 탕수육이 유명한 대가방, 신흥맛집인 맛이차이나 등이 있으며, 그밖에도 송셰프, 차이린, 파블라, 주, 플로리다반점(혜화루) 등이 이 분류에 속한다.

6번, 양꼬치를 메인으로 하는 조선족이 운영하는 중식당이다. 주로 'OO양꼬치'라는 이름을 한 중식당이다. 양꼬치, 양갈비, 가지튀김, 어향가지, 호남새우, 토마토달걀볶음 등 술 마시기 좋은 안주류 메뉴가 많다. 또한, 최근에 유행하는 마라탕, 마라샹궈 같은 메뉴가 유행하기 시작한 곳이 여기다.

7번, 중국 지방색이 많이 들어간 중식당이다. 대표적으로 운남식 훠궈 전문점인 인량훠궈, 에그누들을 내는 청키면가, 시추안 타파스 바인 레드문, 차이니스 바 명성관 등이 이 분류에 속한다.

대한민국의 중식당을 크게 두 분류로, 작게는 총 일곱 개의 분류로 나눠 볼 수 있다. 이 중 내가 주로 찾아가는 곳들은 3번, 5번, 6번, 7번이다.

이 분류는 다소 임의적이라 할 수 있다. 1번 범주에 속하는 곳 중에는 배달하지 않는 곳이 있을 수 있고, 반대로 3번 범주에서는 배달 서비스를 제공하는 곳이 있을 수 있다. 예외는 무수히 많을 수 있다. 다만, 개별 식당 간의 차이를 잠시 제쳐두고, 공통으로 공유하는 요소를 찾아 묶어냈다. 이걸 통해 중식당 전체를 관망할 수 있다. 또한, 중식당들을 내 것으로 소화시키는 데에 큰 도움이 됐다. 내가 비교적 식당 이름을 잘 기억하는 이유도 여기에 있는 것 같다.

이 분류를 나만 주장하는 거였다면, 선뜻 제시하기 어려웠을 것이다. 그러나 이 분류는 '녹두장군의 식도락'에서 따온 것이다. '녹두장군의 식도락'에선 서울 시내의 중국집을 3개의 범주로 세분화했다. 그의 분류법에 내 개인적인 경험을 더해 7개의 범주로 확장했다. 난 오랜 시간 이 분류로 중식당을 봐왔다. 혹시나 더 나은 분류법이 있을 수 있다. 그렇다면 그 방법을 활용하길 바란다. 핵심은 분류를 통해 음식점을 체계적으로 인식해보려는 시도다.

식당 분류

노포 화상 중국집

개화, 안동장, 하하, 현래장, 외백, 오구반점, 여명, 향미

호텔 중식당

팔레드 신

고급 요리를 내는 중식당

송쉐프, 맛이차이나, 대가방, 진진

양꼬치 메인, 조선족이 운영하는 중식당

매화반점, 성민양꼬치

중국 지방색이 많이 들어간 중식당

인량훠궈, 레드문

중화요리 ❶

개화

"전형적인 화상 스타일의
짜장면을 즐길 수 있는 곳"

번개맨 한줄평

점포명	개화
주소	서울특별시 중구 남대문로 52-5 대한문화예술공사 **명동역 부근**
영업시간	11:30~23:00 **토요일 정기휴무**
주요 메뉴 및 가격	짜장면(5,000원), 유니짜장면(6,500원), 마파두부밥(8,500원), 류산슬밥(15,000원), 탕수육(17,000원), 가지만두튀김(25,000원), 깐풍기(28,000원)
번개맨의 추천 메뉴	유니짜장면 곱빼기(8,000원)
1인당 가격	10,000원 ~ 20,000원
방문 계획 세우기	보통 점심시간인 오후 12시에 붐빔 **최대 대기 시간 30분**

'개화'는 전형적인 화상 스타일의 짜장면을 즐길 수 있는 곳이다. 조금 가는 면을 사용하는 유니짜장면이 기본이다. 짜장면의 면이 마치 소면 같다. 소스는 재료들을 잘게 다져서 만들어 내는 유니짜장 스타일이다. 어떤 재료가 들어가는지 확인할 수 없을 정도다. 물 전분 사용량도 많아 소스가 몽글몽글하다. 재료를 갈아내다 보니 아무래도 면이랑 잘 비벼지고 당연히 소스와의 흡착이 좋다.

'개화'의 짜장면은 고소한 맛이 주를 이룬다. 그래서 고객들의 연령층이 높은 편이다. 짜장면의 단맛이 기본이 된 상황에서 고소한 짜장면을 접하게 되면 약간 생소할 수 있지만, 잠깐의 생소함은 금세 감탄사로 바뀔 수 있다.

'개화'는 화상 중국집이라 그런지 역시 짜장면 양이 좀 박한 편이다. 먹다 보면 면과 짜장 심지어 찬까지 깔끔하게 딱 떨어진다. 넉넉하게 먹으려면 곱빼기로 주문하길 추천한다. 다만, 바쁜

시간을 피해 방문하면 넉넉하게 줄 수도 있다는 게 팁이라면 팁이다.

서울 시내 중식당이 많이 몰려 있는 지역

서울 시내에 화상 중국집은 크게 네 군데에 몰려 있다.

첫 번째는 명동이다. 주한중국대사관이 있었고, 그 안에 한성화교학교가 있었다. 그래서 명동 근처에 화교학교 학생들의 학부모들이 운영하는 화상 중국집이 많았다.

두 번째는 연희동, 연남동이다. 1960년대에 한성화교학교가 초등학교를 남기고 중, 고등학교가 연희동 쪽으로 넘어온다. 그래서 연희동, 연남동 쪽에 화상 중국집이 많아졌다. 이품, 하하, 진진, 홍복, 향미 등등이 이때 생긴 화상 중국집이다.

세 번째는 가리봉 근처다. 금단반점, 삼팔교자관 이런 데가 유명하다.

네 번째는 건대다. 매화반점을 중심으로 화상 중국집이 많다. 언뜻 보면 우리나라가 아닌 것처럼 느껴질 정도로 간판에 한자가 많이 보인다.

추가로 봉천동 쪽엔 성민양꼬치를 중심으로 주변에 많다.

중화요리 ❷

대가방

"강남권 최고의 탕수육"

| 번개맨 한줄평 |

점포명	대가방
주소	서울특별시 강남구 봉은사로 333 모아엘가 퍼스트홈 1층 **선정릉역 부근**
영업시간	평일 11:00 – 21:30 **breaktime 15:00 – 17:00** 주말 11:00 – 21:00 **breaktime 15:00 – 16:00** **일요일 휴무**
주요 메뉴 및 가격	유니짜장면(8,500원), 대가방면(13,000원), 새우볶음밥(12,000원), 돼지고기탕수육(33,000원), 양장피 小(33,000원), 깐풍기(49,000원), 난전완자(52,000원), 부추잡채(52,000원), 오향삼겹살(55,000원), 깐풍새우(56,000원)
번개맨의 추천 메뉴	돼지고기탕수육(33,000원)
1인당 가격	20,000원 ~ 30,000원
방문 계획 세우기	보통 오후 12시에 붐빔

'대가방'의 탕수육은 강남권 최고의 탕수육으로 꼽힌다. 전통적인 화상 중국집 스타일의 '볶먹' 탕수육을 낸다. 탕수육에 소스가 묻었음에도 끝까지 바삭하다. 원래 탕수육은 주방에서 소스를 버무려서 테이블에 내는 것이 제대로다. 하루 최대 200그릇의 탕수육이 팔린 적이 있다고 한다. 돼지고기와 튀김옷 사이에 적당히 공기층이 존재하는지라 크리스피한 식감이 돋보인다. 시간이 흘러 소스가 탕수육에 스며들면 튀김옷이 쫀득하게 변한다. 이 또한 별미다.

탕수육을 좋아하는 사람들 사이에선 '대가방' 탕수육과 방배동 '주'의 탕수육을 자주 비견하곤 한다. 대가방과 주는 서울 3대 탕수육에 꼽히기도 한다. 탕수육을 '고기'와 '튀김'으로 보면, 주는 '고기'를, 대가방은 '튀김'을 강조하는 스타일이다. 각 식당에서 사용하는 고기 상태에 따라 튀김 스타일도 그에 따라 변하기 마련이

다. 대가방은 탕수육에 매일 들여온 생고기만을 취급하며, 기계로 썰지 않고 수작업으로 손질해 조리한다고 한다. 개인의 취향에 따라 어떤 스타일이 더 맛있게 느껴질지는 다를 수 있다.

'대가방'은 63빌딩 목련과 리베라호텔 조리부장 등 유명 중식당을 두루 거친 대만 출신 화교 대장리 대표가 이끄는 곳이다. 대장리 대표는 1966년부터 50여 년을 중식 요리에 몸담았으며, 25년이 넘게 강남에서 음식점을 운영하고 있다. '대가방'은 이번에 선정릉역 새 건물로 이전했다. 논현동 본점과 압구정동 직영점을 정리하고 새롭게 확장 이전을 했다. 재밌는 점은 이사를 위한 정비 시간은 따로 가지지 않았다는 것이다. 이전 바로 전날인 5월 9일까지도 전 점포에서 영업한 후 5월 10일부터 곧바로 새 점포에서 영업을 시작했다.

중화요리 ❸

레드문

"사천 요리를
가벼운 안주로 즐길 수 있는 차이니스 바"

번개맨 한 줄 평

점포명	레드문
주소	서울 용산구 한남대로20길 41-4 지하 1층
영업시간	17:00 – 24:00 일요일 정기휴무
주요 메뉴 및 가격	차가운 시추안 비빔면(18,000원), 시추안 볼로네즈(20,000원), 레드문 볶음면(20,000원), 라즈지(24,000원), 칠리새우(24,000원), 마파두부(26,000원), 우육탕(28,000원), 해물누룽지탕(28,000원), 마라탕(34,000원), 마라샹궈(34,000원), 하이볼(15,000원), 레드문 라이즈(19,000원), 위스키 바이주(19,000원), 쿠오쿠이 250ml(50,000원)
번개맨의 추천 메뉴	차가운 시추안 비빔면(18,000원), 레드문 볶음면(20,000원), 라즈지(24,000원), 레드문 라이즈(19,000원)
1인당 가격	40,000원 ~ 50,000원
방문 계획 세우기	보통 오후 7시에 붐빔

한남동에 있는 '레드문'은 '시추안 타파스 바'를 표방하는 차이니스 바다. 시추안? 시추안(Sichuan)은 한국말로 사천, 중국말로 쓰촨(四川)의 중국어 발음을 로마자로 표기하는 발음 기호인 한어 병음이다. 시추안과 조합한 단어인 타파스(Tapas)는 스페인 요리에서 술과 곁들일 수 있는 작은 요리로, 온갖 음식을 조금씩, 많이 차려 먹는 방식을 말한다. 즉, '레드문'은 '사천 요리를 가벼운 안주로 즐길 수 있는 바'를 표방한다는 것이다. 사실 술을 파는 중식당은 많지만, 중식을 가벼운 안주로 즐길만한 술집은 흔치 않다. '레드문'은 양이 많아 부담스러운 중식이 아닌 산뜻하게 사천식 안주를 낸다. 그와 함께 바이주를 곁들일 수 있는 이색적인 차이니스 바다.

레드문의 콘셉트는 '스피키지 바'다. '스피크 이지 바'라고도 불리는 스피키지 바(Speakeasy bar)는 '쉬쉬하며 조용히 말한다'

레드문

라는 뜻으로, 1920~30년대 미국에서 금주법이 강력하게 시행하던 대공황 때 경찰의 단속을 피해 지하실, 창고, 일반 가정집 등 사용할 수 있는 모든 공간을 개조해 몰래 운영하던 술집에서 유래됐다. 보통 공간이 잘 드러나지 않도록 은밀한 콘셉트로 숨겨져 있다. '레드문'은 한남동 후미진 뒷골목 오래된 빌라 지하에 위치해 있다. '레드문'의 간판은 작고 빨갛게 물든 보름달이다. 새빨간 문을 열어 공간을 온통 붉게 물들인 계단을 내려가면 또 하나의 문이 나온다. 붉은색 문 두 개를 지나야 비로소 비밀스러운 분위기의 바가 나타난다.

'레드문'은 홍콩의 다양한 바를 모티브로 해서 만들어졌다고 한다. 특히, 홍콩의 바 '핑퐁 129'가 연상된다. '핑퐁 129'에는 '단련신체(鍛鍊身體)'라는 한자 네온사인이 있는 걸로 유명하다. '레드문' 역시 바 중앙에 '참지마라(參知麻辣)'라는 한자 네온사인이 있다. '참지마라'의 뜻은 말 그대로 '참지 말고 즐기라'는 뜻과 '마라(얼얼한 매운맛을 내는 중국의 향신료)를 먹으면서 친구를 사귀자'라는 뜻을 동시에 표현한다. 일종의 언어유희로 '레드문'의 정체성을 보여주는 조어다. 빨간 네온사인과 대비를 이루는 녹색 대리석 바에 앉으면 위스키 대신 바이주가 빼곡한 선반이 보인다. 벽

면으로는 바 카운터와 함께 오픈 주방이 들여다보인다.

'레드문'의 음식은 사천에서 요리를 배워 온 프렌치 셰프가 만든다. 프랑스 요리를 해온 김우택 셰프는 사천 요리를 이해하기 위해 사천 요리의 본고장인 청두에 3주가량 머물며 요리를 배웠다고 한다. 그래서 다른 곳에서는 접해보지 않은 독특한 메뉴들이 많다. 모든 메뉴에는 사천고추와 산초가 들어간다. 원래 사천의 맛은 더 맵고 혀가 마비되는 듯 얼얼하지만, '레드문'에서는 한국인들이 부담 없이 접근할 수 있도록 강도를 조절했다. '레드문'은 '참지마라'라는 네온사인 덕분에 인스타그램 핫플레이스로 알려지기도 했다. 그러나 단순히 유행에 따른 것이 아니라 음식의 맛과 서비스 품질에 따라 꾸준히 사랑받아 왔다. '레드문'은 오픈한 지 2년도 채 되지 않아서 2019 미쉐린 가이드 빕 구르망 리스트에 이름을 올렸다. 이제는 미쉐린 가이드에 선정된 지 5년째다.

　메뉴는 크게 타파스와 레귤러 디쉬로 나눠져 있다. 타파스 메뉴 중 '차가운 시추안 비빔면'은 '레드문'의 시그니처 메뉴다. 면발이 가늘어 "얇은 머리카락"이라는 뜻의 카펠리니라고도 불리는 엔젤헤어 파스타에 사천식 양념을 해 바싹 튀긴 베이컨과 땅콩을

곁들인 '사천식 냉비빔면'이다. 술맛을 돋우는 에피타이저로 제격이다. '라즈지'는 사천의 대표적인 요리 중 하나로 매운 사천고추가 듬뿍 들어 있는 닭다리 튀김이다. 튀긴 닭고기, 팔각, 건고추와 마늘 등을 볶은 것으로 밥반찬은 물론 맥주 안주로 좋다. '레드문 볶음면'은 에그누들, 새우, 돼지고기에 특제소스 넣어 볶은 요리로 식사의 마무리로 먹기 좋다. 마라로 입 안이 얼얼해질 때 쓰촨성 루저우시에서 온 백주 '쿠오쿠이(Guo cui)'를 베이스로 한 시그니처 칵테일 '레드문 라이즈' 한 잔을 곁들이면 좋다. 백주의 달달한 과일 향과 코코넛, 체리의 달달한 맛이 더해져 입안의 불을 끄는 역할을 한다. 쿠오쿠이는 다른 곳에서 쉽게 접할 수 없는 바이주다. 요리와 곁들이는 술의 종류는 맥주 · 소주 · 백주(고량주) · 위스키 · 와인 등 다양하게 있다.

대표적인 중국 백주

국교 1573(도수 60%) | 문화재로 지정된 400년 이상 된 백주 양조 저장고에서 만들어진 대표적인 중국 백주다. 홍고량, 백미, 밀을 원료로 해 깨끗한 맛을 낸다.

수정방(도수 53%) | 최고급 백주. 색이 수정처럼 투명하며, 전통의 농향형제조법으로 만들어 풍부한 맛을 낸다. 향이 특이한 편이다.

마오타이주(도수 53%) | 세계 3대 증류주로 꼽히는 백주. 주원료로 수수(고량)를 쓴다. 모양 또는 장향 등 독특한 향을 가지고 있다.

금문고량주(도수 58%) | 대만 금문도에 위치한 국영 양조공장인 '금문주창(金門酒廠)'에서 생산하는 백주를 말한다. 대만의 국민백주이자 대표명주다.

이과두주(도수 56%) | 곡물을 발효시켜 만든 증류주인 중국 백주의 일종이다. 두 번 고아 걸렀다고 해서 이과두주라 부른다. 증류할 때 솥을 세 개 쓰는데, 그 중 두 번째 솥에 거른 것만을 쓴다고 한다.

공부가주(도수 39%) | 산둥 지역의 명주. 공자의 고향 취푸시에서 공자의 제사용으로 공씨 가문이 빚던 술이었다. 이과두주와 함께 한국의 중식당에서 쉽게 볼 수 있는 고량주이다.

연태고량주(도수 34%) | 중국 산둥성 옌타이시에서 생산되는 백주. 낮은 알코올 도수와 청아하고 부드러운 풍미로 한국의 중식당에서 가장 많이 취급하고 있는 백주다.

중화요리 ④

맛이차이나

"호텔 중식당에서나 즐길 수 있는 메뉴를 좋은 가격에"

번개맨 한줄평

점포명	맛이차이나
주소	서울특별시 마포구 독막로 68 상수역 부근
영업시간	매일 11:30 - 22:00 **breaktime 평일 16:00 - 17:00**
주요 메뉴 및 가격	팔보채(35,000원~70,000원), 탕수육(19,000원~35,000원), 크림새우(17,000원~33,000원), 멘보샤(16,000원~24,000원), 짬뽕(10,000원), 공부탕면/밥(10,000원), 짜장면(8,000원), 게살 볶음밥(11,000원), 이과두주(6,000원, 125ml) 등
번개맨의 추천 메뉴	탕수육(19,000원~35,000원), 멘보샤(16,000원~24,000원), 공부탕면/밥(10,000원), 게살 볶음밥(11,000원), 이과두주(6,000원, 125ml)
1인당 가격	20,000원 ~ 30,000원
방문 계획 세우기	보통 점심, 저녁 시간에 붐빔 **최대 15분 대기**

'맛이차이나'는 호텔 파인다이닝 수준의 중식 요리를 비교적 저렴한 가격에 맛볼 수 있는 중식당이다. 호텔 중식 파인다이닝을 가기에는 가격이 너무 비싸고, 대신에 화상 중국집을 가자니 그보단 조금 깔끔한 데를 가고 싶을 때 제격인 곳이다. 이런 포지션의 중식당이 대표적으로 무탄, 가담 등이 있다. 주로 강남권에 위치해 있다. 홍대, 상수, 신촌 등 범 홍대 상권에서 생각나는 중식당이 있다면 '맛이차이나'다.

이곳의 오너이자 주방을 총괄하는 조승희 쉐프는 국내 대표 차이니즈 파인다이닝인 신라호텔 '팔선' 출신이다. 이런 경력 덕분에 대중적인 메뉴뿐만 아니라 특급호텔에서만 맛볼 수 있는 다양한 중식 메뉴를 이곳에서 맛볼 수 있다. 가장 큰 장점은 특급호텔 메뉴를 부담 없이 즐길 수 있다는 것이다. 예로 들어, '팔선'과 '맛이차이나'에 공통으로 있는 메뉴 중에 멘보샤의 가격은 팔선이

112,500원, 맛이차이나는 24,000원이다. 이외에도 공통된 메뉴가 여럿 있다. 좋은 가격에 '팔선' 느낌을 즐기고 싶은 분들이 찾기에 좋다.

'맛이차이나'가 홍대에 자리 잡은 지가 10년이 넘었다. 처음에는 호텔 중식 레스토랑다운 느낌이 짙었다. 10년이라는 시간이 흐르면서 많이 유명해지기도 하면서 요즘에는 라이트해졌다. 분위기가 나빠졌다기보다는 좀 더 대중적인 느낌으로 변했다. 오히려 접근성이 좋아진 느낌이다. '맛이차이나'는 세트 메뉴가 존재한다. 평일 런치는 1인 기준 15,000원, 디너는 1인 기준 28,000원이다. 중식 요리 두 메뉴와 식사로 구성되어 있다. 식사는 짜장면, 짬뽕, 공부탕면 중 하나를 선택하면 된다.

공부탕면은 가장 추천하는 식사 메뉴로, 투명한 하얀 육수의 백짬뽕이다. 바지락 국물 베이스에 청양고추로만 매운맛을 내서 깔끔한 맛이 좋다. MSG를 쓰지 않고 국물 맛을 냈다고 한다. 공부탕면은 '팔선'과 '맛이차이나'에 공통으로 있는 메뉴로 팔선은 35,000원, 맛이차이나는 10,000원에 제공하고 있다. 약 3분의 1 가격으로 호텔 중식 파인다이닝의 메뉴를 맛볼 수 있는 것이다.

튀김류에서는 멘보샤를 추천한다. 멘보샤에 대한 대중적인 관심도가 지금보다 낮았을 때 '맛이차이나'의 인기를 견인했던 건 멘보샤였다. 지금이야 멘보샤가 많이 알려진 메뉴가 되기도 했고, 유행을 타 이곳저곳에서 멘보샤를 내놓는다. 한편으로는 이상한 형태의 멘보샤가 나오기도 한다. 마치 뚱뚱한 마카롱처럼 한입에 넣을 수도 없는 크기의 멘보샤가 있다. '맛이차이나'에서는 정석의 멘보샤를 맛볼 수 있다. 또한, 탕수육도 추천한다. 멘보샤와 마찬가지로 요즘 유행하고 있는 찹쌀탕수육이 아닌 예전 고기튀김 느낌이 물씬 나는 정석 탕수육의 맛을 느낄 수 있다.

식사류, 튀김류, 요리류 모두 가격대도 과하지 않으면서 접근성도 좋은 상수에 있기 때문에 모임을 하기에도 적합한 곳이다. 개인적으로 중식당은 여럿이 갈 때 특히 좋다고 생각한다. 일행이 많으면 많을수록 좋다. 코스를 먹는 게 아니라면 여러 요리를 조금씩 먹어볼 수 있어서다. 중식 요리가 기름지기 때문에 술을 많이 먹지 않는 이상에야 식사가 끊기기 마련이다. 만약 친구들끼리든, 연인들끼리든 6명이 가면 요리를 여러 개 시켜서 다양하게 맛볼 수 있다. 사천, 광동 등 지역색이 강한 중식당이 아니라 간단하게 식사하기에 좋다.

연태고량주보다 이과두주를 선호하는 이유

개인적으로 연태고량주보다 이과두주를 좋아하는 편이다. 이유는 다소 간단하다. 중국 본토에서는 연태고량주는 잘 안 마시고, 이과두주를 많이들 먹는다고 한다. 기왕이면 백주의 본토인 중국 사람들이 많이 먹는 걸 먹겠다는 것이다.

이과두주가 여타의 백주보다 중식에 더 잘 어울린다고 생각한다. 연태고량주나 공부가주 같은 백주들은 사과향 혹은 파인애플향 등 농향(浓香)이 나는 데에 비해 원초적인 알코올 향인 청향(清香)을 내는 이과두주가 중식에 더 잘 어울린다고 생각한다.

내가 소주를 좋아하는 이유도 비슷하다. 우리나라 안주처럼 간이 강하고 맛있는 음식에는 알콜향 진한 소주를 마시는 게 좋다. 안주가 중식일 때 구태여 고급술을 마실 필요가 있는가 싶다. 좋은 술들은 오히려 작은 비스킷이나 육포 같은 안주에 곁들이는 게 좋다.

초록색 병에 담긴 이과두주의 감성을 좋아한다. 특히 큰 사이즈보다는 125ml 짜리 작은 사이즈 병의 감성이 좋다. 125ml 초록색 이과두주는 저가의 술이기에 더욱 자극적이다. 연태고량주의 투명하고 깨끗한 병보다는 투박한 느낌의 이과두주가 중식에 더 잘 어울린다고 생각한다. 마치 이과두주의 러프한 느낌이 옛날 두꺼비 진로의 빨간 뚜껑의 향수를 불러온달까?

중화요리 ❺

매화반점

"언뜻 보면
우리나라가 아닌 것처럼 느껴질 정도인 곳"

번개맨 한줄평

점포명	매화반점
주소	서울특별시 광진구 동일로18길 105 **건대입구역 부근**
영업시간	매일 12:00 - 01:00
주요 메뉴 및 가격	양꼬치(16,000원), 양갈비(26,000원), 꿔바로우(16,000원), 가지튀김(14,000원), 경장육슬(16,000원), 계란토마토볶음(13,000원), 돼지고기 부추 볶음(13,000원), 소염통줄기볶음(15,000원), 등심튀김(15,000원), 중국식오이냉채(14,000원), 오향냉채(28,000원), 마라탕(24,000원), 매화수제물만두(9,000원), 고수(2,000원)
번개맨의 추천 메뉴	양꼬치(16,000원), 양념하지 않은 양꼬치(16,000원), 가지튀김(14,000원), 돼지고기 부추 볶음(13,000원)
1인당 가격	20,000원 ~ 30,000원
방문 계획 세우기	보통 오후 6시 ~ 7시 붐빔 **최대 15분 대기**

서울의 건대입구역 5번 출구 나와 오른편 길로 쭉 가다가, 다시 오른 골목을 보면 낯선 풍경이 펼쳐진다. 행정구역명은 '동일로 18길'이고, 또 다른 이름은 '양꼬치 골목'이다. 약 600m 골목길을 따라가 보면, 언뜻 우리나라가 아닌 것처럼 느껴질 정도로 한자가 적힌 간판이 많이 보인다. 洋肉串(양꼬치), 火鍋(샤브샤브), 中國食品(중국식품), 狗肉(구육-보신탕), 延吉冷面(연길냉면) 등. 이 골목에는 100여 개의 양꼬치 전문점과 훠궈(중국식 샤브샤브) 전문점이 밀집해 있다. 간판에 한글보다 한자가 더 많은, 서울 속 작은 중국 '양꼬치 골목'이다.

간판 중 가장 많이 보이는 건 '매화반점(梅花飯店)'이다. '매화반점'은 양꼬치 골목에서 가장 큰 양꼬치집이다. 한 곳만 있는 게 아니라 여러 점포가 있다. 게다가 이 골목의 또 다른 양꼬치집인 '홍매반점'은 '매화반점'과 자매 사이다. 건대 양꼬치 골목 상

권을 두 점포가 견인한다고 해도 과언이 아니다. 주말과 휴일에는 대부분 조선족이 이곳을 찾아 북적이고, 평일에는 많은 한국인 손님이 이곳을 찾는다. 양꼬치 골목은 중국 향신료와 양고기 특유의 냄새가 가득하다.

'매화반점'은 짜장, 짬뽕, 탕수육과 같이 한국화된 중식 메뉴가 아니라 실제 중국에서 먹는 메뉴들을 판매한다. 식당의 기원부터 국내 거주 중국인 손님을 대상으로 했다. 그래서 중국인들이 요리하고, 종업원도 틀림없이 '연변 이모'다. 하지만 한국인들도 많이 찾는다. 가격도 비교적 저렴하고, 독특한 음식이 많기 때문이다. 메뉴판에 있는 요리만도 50여 종이나 된다. 족히 10번 이상은 와야 모든 메뉴를 다 먹어볼 수 있을 정도로, 가격은 대부분 2만 원 이하다. 중식의 새로운 지평을 넓히고 싶은 사람 여럿을 모아 가보길 추천하는 곳이다.

 '매화반점'의 대표 메뉴 중 하나는 역시 양꼬치다. 양꼬치, 양갈비 두 가지 종류가 있다. 양꼬치는 상태가 좋다. 먹기 좋은 크기로 썰어져 나오고, 특히, 기름 손질에 꽤 정성을 들인 게 보인다. 기름이 과도하게 많으면 구이 과정에서 숯불로 떨어져 그을음이 묻어나 맛을 해칠 수 있다. 중국에서 파는 양꼬치와 달리 숯불에 구워 기름도 적고 향신료의 강렬한 향도 덜 하다. 한국인의 입맛에 맞춘 것이다.

 특히, '매화반점'에선 양념하지 않은 양꼬치를 먹어볼 수 있다. 양꼬치를 양념하지 않고 먹을 수 있냐고 요청하면 된다. 사실 가게 입장에서는 별로 어려운 일이 아니다. 양념값도 안 들기도 하고, 따로 수고를 안 해도 되기 때문이다. 하지만 대부분의 양꼬치 전문점에서는 안 된다. 양념을 하지 않고 생으로 판매할 퀄리티가 안 되기 때문이다. 생 양꼬치는 무조건 미디움 이하로 먹길 추천한다.

바짝 익혀 먹으면 양고기 맛이 많이 퇴색된다. 소고기처럼 소금만 찍어 먹으면, 아예 새로운 맛을 느낄 수 있다. 여기에 빼놓을 수 없는 것이 '양꼬치엔 칭따오'로 유명한 중국의 대표 맥주인 '칭따오 맥주'다.

'매화반점'의 또 다른 주목할 만한 메뉴는 가지튀김이다. 가격은 14,000원이다. 가지튀김은 특히 중국 동북 지방의 전통 요리로, 명절 때면 잔뜩 튀겨 놓고 술안주나 간식으로 즐기는 음식이다. 양꼬치가 동북 지방 조선족으로부터 유래되다 보니 자연스레 가지 요리가 따라 들어왔다. 한국에선 야채를 튀겨 볶아 먹는 게 흔치 않다. 가지를 좋아하는 이들은 반드시 시도해 볼 만한 음식이다. 가지튀김은 기름지기 때문에 여럿이서 한 그릇을 나누어 먹는다.

보통 4명에 한 그릇이 적당해 보인다.

돼지고기 부추볶음은 부추와 채를 썬 돼지고기를 볶아낸 요리로, 중식의 전통 요리인 '잡채'를 연상케 한다. 보통 잡채 하면 반사적으로 당면을 떠올리지만, 잡채(雜菜)는 말 그대로 여러 재료를 양념과 함께 볶아낸 요리다. 중식에서의 잡채는 고추잡채나 부추잡채다. 한식에서는 채소가 대체로 보조 역할에 그치는 데 반해, 중식에서는 채소가 주요한 역할을 맡는 경우가 많다. 타 업소와 차별화되는 메뉴로 새로운 중식을 경험하고 싶은 이들에게 추천하는 메뉴다.

양꼬치의 유래

원래 양꼬치 요리는 튀르키예를 비롯한 중앙아시아, 중국 신장 지역 등 양고기 소비가 많은 이슬람권 요리 중 하나로 발달했다. 1990년대 초 중국 내 여행 자유화에 힘입어 양꼬치 요리가 중국의 전역으로 확산했다.

양고기는 위구르족의 음식이지만 조선족들도 즐겨 먹었다. 연길, 하얼빈 지역 등 조선족 자치구에서 주식이 아닌 '술안주'로 소비되면서 양꼬치 노점이나 주점이 생겼다. 이들이 '코리안 드림'을 꿈꾸며 한국으로 들어오고, 여기에 더해 중국인 관광객, 유학생 등 중국인 유동 인구가 늘면서 양꼬치 구이도 자연스럽게 유입됐다. 조선족과 중국인들이 많이 거주하는 지역에는 양꼬치 요리를 메인으로 하는 음식점이 들어서기 시작했다. 초창기 자양동에 모여 살던 조선족들은 이곳에서 양고기를 먹으며 향수를 달랬다.

현재의 양꼬치는 한중 퓨전요리라 할 수 있다. 중국 서북지역에서 기원한 양꼬치는 한국의 고춧가루와 깨소금이 섞인 한국식 양념에다 중국 양념인 쯔란을 찍어 먹는 방식으로 진화하며 자리를 잡았다. 중국에서 파는 양꼬치와 달리 숯불에 구워 기름도 적고 향신료의 강렬한 향도 덜 하다. 한국인의 입맛에 맞게 변한 것이다. 양꼬치 음식점은 한국인과 조선족 간 접점을 넓히는 매개체가 됐다는 평가도 나온다. 중국주류 수입 증가와 함께 중국 맥주와 양꼬치 요리를 곁들여 먹는 것이 알려지게 됐다. 배우 정상훈 씨가 '양꼬치엔 칭따오'라는 유행어와 함께 개그 소재로 활용하면서 양꼬치 골목을 찾는 사람들이 더욱 증가하게 됐다고 한다.

동일로18길에는 10여 년 전만 해도 인근 공단에서 일하는 이들을 위한 식당과 자동차 정비부품 업체들이 몰려 있었다. 조선족 타운은 2000년대 초반만 해도 공장이 밀집한 서울의 구로동과 가리봉동, 대림동 일대에 국한됐지만, 조선족이 꾸준히 늘어나고 지역 재개발 바람이 불면서 서울의 다른 지역으로 확산하기 시작했다. 조선족 타운은 지하철 2호선을 타고 서울을 동쪽으로 돌아 신림. 봉천·서울대입구역을 거쳤고 4~5년 전부터는 건대입구역과 신설동역 등지로 팽창했다.

중화요리 ❻

성민양꼬치

"양꼬치 전문점의 수준을
상향 평준화시킨, 성민양꼬치"

번개맨 한줄평

점포명	성민양꼬치
주소	서울특별시 관악구 관악로16길 38 서울대입구역 부근
영업시간	매일 14:00 - 02:00 연중무휴
주요 메뉴 및 가격	양꼬치(15,000원), 양갈비살(17,000원), 양갈비(18,000원), 호남새우(22,000원), 경장육슬(16,000원), 지삼선(15,000원), 토마토계란볶음(13,000원), 마파두부(11,000원), 온면(6,000원), 물만두(6,000원), 칭따오(7,000원, 640ml), 이과두주(4,000원, 125ml)
번개맨의 추천 메뉴	양꼬치(15,000원), 호남새우(22,000원), 경장육슬(16,000원), 온면(6,000원), 칭따오(7,000원, 640ml), 이과두주(4,000원, 125ml)
1인당 가격	20,000원 ~ 30,000원
방문 계획 세우기	보통 오후 7시 ~ 9시 붐빔 최대 15분 대기

'성민양꼬치'는 서울 시내 양꼬치 전문점의 수준을 상향 평준화한 주인공이다. '성민양꼬치'가 유명해진 이후에 오픈한 양꼬치집들은 대부분 '성민양꼬치'를 벤치마킹했을 것이다. 우리나라 양꼬치 업계의 역사는 '성민양꼬치'의 오픈 전과 후로 나뉘는 것 같다.

2010년, 아나운서 아카데미에 다니던 시절에 일주일에 두 번씩은 왔다. 당시는 지금의 서울대입구역 부근이 '샤로수길'이라고 불리기 전. 민트 젤리와 곁들이는 서양식 양고기 요리가 그나마 알려질 정도였다. '성민양꼬치'가 막 생길 때만 하더라도 지금처럼 어딜 가도 양꼬치가 맛있는 데가 아니었다. 건대, 대림 부근에 양꼬치집이 있긴 했지만, 지저분하거나 양 누린내가 너무 심해서 못 먹는 경우가 많았다. '성민양꼬치'는 달랐다. 양고기의 신선도가 좋았다.

성민양꼬치는 호주산 어린 양(lamb)을 사용하기 때문에 양고기의 질이 월등히 좋다. 양고기의 경우 흔히 말하는 누린내는 성인 양에서 나는 경우가 많다. 젖을 뗀 이후 주식이 풀로 바뀌면서 분비되는 소화효소로 인해 누린내가 생긴다고 한다. 그래서 보통은 누린내를 가리기 위해 양고기에 양념한다. '성민양꼬치'는 생 양고기를 먹을 수 있는 거의 유일한 곳이다. 이게 선순환으로 이어지는데, 장사가 잘되는 만큼 회전율이 높아지고 고기의 선도가 유지된다.

또한 '성민양꼬치'에서는 당시에는 알려지지 않았던 중국 현지의 요리류를 즐길 수 있었다. 특히, 내가 제일 좋아하는 메뉴는 호남새우다. 호남(후난)은 사천처럼 매운 음식 좋아하는 중국의 지역 이름이다. 다만, 다행히 그렇게 맵진 않다. 지금까지도 다른 중식당에서는 보기힘든 메뉴다. '성민양꼬치'의 시그니처 메뉴라

할 수 있다.

경장육슬도 추천한다. 경장(베이징장)으로 볶은 돼지고기(육)를 채를 썬 것에 오이, 당근, 대파를 포두부에 싸 먹는 요리다. 고수는 따로 요청하면 제공된다. 예전만 하더라도 한국에서 고수에 대한 인지가 적었다. 예전에 쌀국숫집에도 고수가 없기도 했다. '성민양꼬치'에서 고수 맛을 들이고 양꼬치 먹을 때도 같이 곁들인다. 한번 가면 양꼬치 서른 개 이상은 먹는다. 양꼬치, 호남새우, 경장육슬 이렇게 메뉴 3개는 무조건 먹는 것 같다. 이외에도 지삼선(가지볶음), 마파두부, 토마토계란볶음, 물만두 등 중국 현지의 메뉴를 먹을 수 있었다. 지금은 양꼬치집 요리 메뉴의 기본이 됐다.

배우 정상훈 씨가 "양꼬치엔 칭따오"를 외친 이래로 양꼬치에 칭따오를 곁들이는 게 기본이 됐다. 하지만 그전엔 양꼬치에 칭따오를 먹을 수 있는 곳이 그리 많지는 않았다. '성민양꼬치'엔 칭따오가 있었다. 한국에서 양산되는 칭따오가 아니라 중국 현지의 칭따오 큰 병이었다. '성민양꼬치' 가는 날에는 항상 필름이 끊길랑 말랑할 때까지 마셔댔다. 칭따오로 입가심을 한 후 이과두주로 넘어갔다. 이상하게 양꼬치집에 가는 날은 진지한 얘기를 오래 하게 된다. 양꼬치집만의 분위기가 있다.

'성민양꼬치'는 1, 2층이 있는데, 2층을 추천한다. 이곳을 제대로 즐기려면 소수 인원으로 가는 것보단, 최소 4명, 가급적 6명 이상은 동행하길 추천한다. 6명은 되어야 요리 하나를 조금씩 맛보고 혀가 질리기 전에 새로운 음식으로 넘어갈 수 있다. 4명 이상 모

이면 인당 2만 원 선에서 푸짐하고 다양하고 맛있게 즐길 수 있다. 만일 단골이 된다면 생각지 못한 추가 혜택이 주어지기도 한다. 메뉴에도 없는 돼지 귀 무침과 옥수수 온면 등의 서비스 메뉴를 제공해 준다. 미리 예약을 하면 2인~3인 예약 시에는 온면, 4인 이상 예약 시에는 가지볶음이나 마파두부 중 하나를 서비스로 제공한다. 맥주나 소주 같은 기본 주류가 아닌 한에서 콜키지도 받아준다.

 중화요리 ❼

송쉐프

"여기는 전체적으로 빠지는 게 없다.
그래서 과음을 부른다"

번개맨 한줄평

점포명	송쉐프 신사본점
주소	서울특별시 강남구 도산대로1길 40 신사역 부근
영업시간	매일 11:30 – 21:30 2023년 5월 24일부터 breaktime 없음
주요 메뉴 및 가격	게살볶음(75,000원), 어향동고(50,000원), 난자완스(48,000원), 육즙 돼지고기 탕수육(33,000원), 옛날짬뽕/밥(11,000원), 옛날볶음밥+프라이(10,000원), 잡채볶음밥+프라이(13,000원), 연태고량주(15,000원, 125ml) 등
번개맨의 추천 메뉴	게살볶음(75,000원), 옛날짬뽕/밥(11,000원), 연태고량주(15,000원, 125ml)
1인당 가격	20,000원 ~ 30,000원
방문 계획 세우기	보통 오후 12시, 저녁 7시에 붐빔

'송쉐프'는 그리 오래되지 않은 곳이다. 하지만 생겼을 때부터 탕수육(육즙 돼지고기 탕수육)으로 유명했다. '송쉐프'가 폭발적으로 유명해진 건, MBC '전지적 참견 시점'에서 개그우먼 이영자 씨가 소개하며 '이영자 맛집'으로 불리면서부터다. '송쉐프'의 대표는 송상호 씨로 40여 년 경력의 중식 전문 조리사다. 신사본점에서부터 시작해 지점 수가 점점 늘어나 잠실, 구의, 교대, 장안, 서초, 숭례문 등 6개의 직영점 있다.

'송쉐프'를 생각하면 가장 먼저 떠오르는 메뉴는 게살볶음이다. 송쉐프의 요리 중에 가장 좋아한다. 특히 라유(고추기름)를 요리 위에 얹어서 내어준다. 원형 그대로 볶아낸 대게 다리 살과 아스파라거스를 라유에 찍어 먹으면 그 감칠맛이 대단하다. 요리류는 보통 앞접시를 기준으로 4접시의 양만큼 내어진다. 여기에 고량주를 곁들이면 최고다. '송쉐프'의 요리는 과음을 부른다. 갈 때

마다 항상 과음한다.

'송쉐프'에 가면 식사로는 항상 짬뽕밥을 고른다. 보통 중식당에서는 면이 든 짬뽕을 먹는 편이다. 하지만 '송쉐프'에서는 밥이다. 그 이유는 '송쉐프'의 짬뽕밥에는 중국당면이 들어가기 때문이다. 그릇 깊숙이 한술 뜨면 당면이 건져진다. 일반 면과는 다른 식감이라 짬뽕과는 다른 매력을 준다. 주문과 동시에 볶아내기에 채소의 숨이 죽지 않아 그 사각거리는 식감이 좋다. 미리 볶아 놓은 짬뽕과 달리 중간중간 그을린 양파가 보이고, 적당한 불향이 느껴진다. 해장용으로 이만한 게 없어, 또 과음을 부른다.

신사본점은 강남권 사무실 근처다. 그러다 보니 식사 메뉴 구성이 잘 되어 있다. 런치타임 메뉴로 '식사+탕수육+칠리중새우', '식사+깐풍기+양장피', '식사+고추잡채+오렌지중새우' 등 1인당 2만 원 가격대의 세트 메뉴가 구성되어 있다. 이 정도 중식당에는 세트 메뉴가 가끔 구비가 안 되어 있는 경우가 많다. 회사원들이 많다 보니까 점심시간에 간단하게 먹는 것도 가능하다. 식사 메뉴로는 짜장, 짬뽕, 볶음밥 중 택일로 '송쉐프'의 대표 메뉴로 유명한 옛날 볶음밥을 먹을 것을 추천한다. 흔히 중국식 '계란후라이'로 알려진 그 프라이가 볶음밥에 올라간다.

사실 나는 식사하러 가는 것보다 술 마시러 가는 경우가 많다. 차를 가져가면 주차가 중요한데, 여기는 아주 편하게 발렛주차까지 다 해준다. 신사동 쪽에서는 드물게 주차까지 용이한 편이라 접근성이 좋다. 성행하는 곳이라 재료의 퀄리티가 좋고, 요리류와 식사류 모두 훌륭하다. 여기는 전체적으로 빠지는 게 없다.

중화요리 ❽

안동장

한줄평 번개맨

"서울에서 제일 오래된 화상 중국집"

점포명	안동장
주소	서울특별시 중구 을지로 124 을지로3가역 부근
영업시간	평일 11:30 - 21:30 주말은 20:00까지
주요 메뉴 및 가격	짜장면(7,000원), 간짜장(9,000원), 굴짬뽕(11,000원), 매운굴짬뽕(11,000원), 삼선짬뽕(10,000원), 잡채밥(11,000원), 잡탕밥(15,000원), 고기튀김 小(18,000원), 탕수육 小(18,000원), 난자완스 小(26,000원)
번개맨의 추천 메뉴	굴짬뽕(11,000원), 난자완스 小(26,000원)
1인당 가격	10,000원 ~ 20,000원
방문 계획 세우기	보통 오후 12시, 저녁 7시에 붐빔 주말 최대 15분 대기

'안동장'은 서울에서 제일 오랜 역사를 지니고 있는 화상 중국집이다. 1948년에 개업해 70년 넘는 세월 동안 을지로에 자리하고 있다. 예전 명성에 비해 떨어졌다고 해도 어지간한 중국집보다 나은 곳이다. 시내에 위치한 노포 화상 중국집인지라 점심 식사 손님들이 많다. 화상 중국집으로는 드물게 3층, 4층 건물 전체를 쓰는 대형 중국집에 속한다.

'안동장'은 화상의 손맛을 느낄 수 있는 곳으로 어떤 요리를 주문해도 기본 이상은 한다. 일반 중국집에 비해 식사 메뉴가 많이 준비되어 있다. 손 빠른 화상요리사들은 요리를 내는 속도가 빠르다. 여타 화상 중국집과 마찬가지로 양이 적은 편이다. 또한, 대형 중국집이라 화상 특유의 맛보단 누구나 즐길 수 있는 요리를 낸다.

'안동장'은 짬뽕 전문점은 아니지만, 다양한 짬뽕을 제공한다. 특히, 굴짬뽕으로 유명하다. 굴짬뽕은 짬뽕의 원형이라 할 수 있는

백짬뽕을 기본 베이스로 한다. 굴짬뽕은 배춧속과 죽순 등을 넉넉히 넣고 굴과 같이 볶아내 깔끔한 국물을 냈다. 또한, 굴만 사용하는 게 아니라 돼지고기도 같이 볶아내는지라 국물이 두텁다. 돼지고기를 가늘게 채를 썰어서 사용하는 만드는 일반적인 중식당의 짬뽕과 달리 '안동장'은 큼지막하게 돼지고기를 편으로 썰어서 사용한다.

깔끔하게 즐길 수 있는 굴짬뽕도 좋지만, 칼칼하게 즐기는 매운굴짬뽕도 무척 훌륭하다. 조금 더 자극적인 맛이 당길 때 추천한다. 메뉴명은 매운굴짬뽕이지만 아주 매운 스타일은 아니고, 생각보다 맵지 않은 일반적인 중국집 짬뽕이라 생각하면 된다. 백짬뽕이 친숙하지 않다면 대안이 될 수 있다. 겨울에는 짜장보다 굴짬뽕이 더 인기 메뉴다.

'안동장'의 특이한 점은 중국집인데도 회사원들이 많이 찾는

곳인지라 깍두기를 기본 찬으로 낸다는 것이다. 단맛 없이 짭짜름한 간의 깍두기는 굴짬뽕과 곁들이기 좋다. 양파보다 투박한 깍두기가 '안동장' 스타일의 굴짬뽕에는 더 잘 어울린다.

'안동장'에서는 고기튀김을 맛볼 수 있다. 고기튀김은 탕수육의 부드러운 튀김옷보다 조금 더 바삭하다. 달달한 소스 없이 담백하게 즐기기 좋다. 튼실한 고기를 사용하는 탕수육을 내는 중식당이 많은데, '안동장'은 여전히 화상답게 고기를 참 박하게 사용한다. 요즘 중식당들이 찹쌀이 들어간 꿔바로우 스타일 탕수육을 많이 내놓는데, '안동장'의 옛날 고기튀김이 더 당기는 날이 있다.

중화요리 ❾

여명

"순한 화상 스타일 짜장면을
맛볼 수 있는 곳"

번개맨 한줄평

점포명	여명
주소	서울특별시 마포구 도화길 51 2층 **공덕역 부근**
영업시간	평일 11:30 - 22:00 **breaktime 15:00 - 17:00, 토요일은 21:00까지, 일요일 휴무**
주요 메뉴 및 가격	짜장(7,000원), 간짜장(8,000원), 삼선간짜장(10,000원), 짬뽕(8,000원), 볶음밥(8,000원), 잡채밥(10,000원), 군만두(8,000원), 덴뿌라 小(24,000원)
번개맨의 추천 메뉴	간짜장(8,000원), 군만두(8,000원)
1인당 가격	10,000원 ~ 20,000원
방문 계획 세우기	보통 대기 없음

'여명'은 화상 고유의 고소한 풍미가 살아있는 짜장면 맛을 여전히 유지하고 있는 중식당이다. 공덕 주변에는 예전부터 외백과 현래장이라는 화상 중국집의 강호가 있었는데, '여명'이 2014년에 도화동으로 이전해 와 다른 스타일의 중식을 선보이고 있다. 보통 유명한 중국집들을 보면 강한 양념이나 불맛 등 강한 맛을 내는데, '여명'은 재료 본연의 맛을 살려 순한 음식을 낸다. 강한 맛을 선호하는 이들은 약간 심심하다고 느낄 수 있을 정도다. 그만큼 중식을 먹었음에도 속에 부담이 적다.

'여명'은 간짜장이 유명하다. 주문과 동시에 볶아낸다. 재료들을 잘게 다져서 웍에 볶아내는 유니짜장 스타일이다. 주방에서 중화도로 재료를 써는 소리를 들을 수 있다. 채소의 숨을 살아있게 볶아내서 만들어 내 아삭아삭함이 살아있다. 간은 조금 슴슴한 편이다. 일반적인 중국집들에 비해 춘장의 비율이 조금 높은 스타일

이라 맛이 진하다. 춘장 볶은 솜씨가 탁월해 간짜장의 풍미가 면에 잘 배어든다.

간짜장 인심은 무척이나 후하다. 다만 면 양은 여타 화상 중국집과 마찬가지로 적은 편이다. 후한 간짜장 인심에 비해 박한 면 인심을 보고 있자면 이런 불균형이 있나 싶다. 면에 간짜장 반만 올려도 충분할 정도다. 면 양이 무척이나 아쉬운 이유는 간짜장이 맛있기 때문이다. 면을 다 먹고서도 남은 채소들을 퍼먹게 된다. 식당 측에서도 이를 아는 것인지 간짜장에 숟가락을 꽂아서 내어준다. 그래서 아예 곱빼기를 주문하는 것을 권하고 싶다. 한편, 다른 식사류를 즐기고 싶다면 볶음밥을 시켜서 남은 간짜장에 비벼 먹는 방법도 있다.

'여명'은 군만두도 별미다. 화상 중국집에 들르게 되면 꼭 찾게 되는 메뉴는 군만두다. 전형적인 화상 스타일로 직접 빚어낸 수제 만두를 반 틈만 바싹 굽고 낸다. 바싹 구운 겉면과 쫄깃한 만두피 안에 충실하게 채워진 만두소엔 육즙이 가득하다. 다만, 만두 크기는 다소 작은 편이다. 그런데도 군만두의 풍미는 아주 만족스럽다. 수제만두의 질감은 서비스 만두와는 확연히 달라 남아 있는 밀가루 향이 거의 없다. 간도 잘 배 있어 간장이 따로 필요 없을 정도다. 추가로 화상 중국집에서만 즐길 수 있는 튀김 요리로 덴뿌라를 먹을 수 있다.

화상 2세대, 3세대가 운영하는 중국집들이 세월에 따라 하나둘 폐업을 하는 상황이다. 화상 고유의 고소한 풍미가 살아있는 짜

장면 맛을 여전히 유지하고 있는 곳도 있고, 예전만 못한 곳도 있다. '여명' 짜장의 풍미는 유지되고 있다. 이곳은 가볍게 점심 한 끼를 해결하고자 하는 이들에게 짜장면 한 그릇 먹기 괜찮다. 공덕동 외백, 현래장보다 더 훌륭하다고 얘기하기는 어렵지만, '여명'만의 묘한 끌림이 있는 곳이다.

번개로드 ◆

중화요리 ⑩

오구반점

번개맨 한줄평

"오구반점의 시그니처는 군만두다"

점포명	오구반점
주소	서울특별시 중구 수표로 60 을지로3가역 부근
영업시간	11:00 - 21:30
주요 메뉴 및 가격	짜장면(7,500원), 유니짜장(9,000원), 삼선짬뽕(10,000원), 군만두(10,000원), 탕수육(22,000원), 덴뿌라(22,000원), 라조육(33,000원), 난자완즈(33,000원), 라조기(35,000원), 깐풍기(35,000원), 양장피(38,000원)
번개맨의 추천 메뉴	유니짜장(9,000원), 군만두(10,000원), 덴뿌라(22,000원)
1인당 가격	10,000원 ~ 20,000원
방문 계획 세우기	보통 오후 12시, 저녁 7시 붐빔 대기 없음

'오구반점'은 먼저 가게 이름이 왜 오구반점인지부터 살펴봐야 한다. 일단 현 사장님 성함이 왕오구다. 이전 사장님의 아들이다. 이전 사장님은 한양대 59학번이었다. 그리고 식당 번지수가 을지로 3가 5-9다. 그래서 오구반점이다. 특히, 번지수인 5-9번지를 따서 상호를 정한 건 절대로 이곳을 떠나지 않겠다는 의지를 담았다고 한다. 1953년 개점해 70여 년간 한 장소에서 영업하고 있다. 붉은색 타일의 외관에 목재로 된 내부가 이색적인 분위기를 풍긴다. 식당 안으로 입장하자마자 보이는 주방 앞 비단잉어 여러 마리가 담겨 있는 수족관이 시선을 끈다. 마치 중국에 와있는 듯한 인상을 준다.

'오구반점'의 시그니처는 군만두다. 팩토리 제품이 아닌 수제 만두다. 여타 화상 중국집의 군만두와는 비슷하면서도 또 다른 매력이 있다. 만두소엔 선육과 부추를 사용한다. 겉은 바삭, 만두피의 안쪽은 쫄깃, 속은 촉촉하다. 만두는 직접 만들기 때문에 수량

이 떨어지면 못 먹는 상황이 생길 수 있다. 만두를 새로 빚어야하기 때문이다. 만두 수량이 떨어지면 약 1시간 동안은 군만두 주문을 받지 않는다.

'오구반점' 튀김 메뉴엔 덴뿌라가 있다. 덴뿌라는 탕수육에서 소스 없이 제공이 되는 고기튀김이다. 요즘은 다른 화상 중국집 메뉴에도 없는 경우가 대부분이다. 사용하는 돼지고기의 퀄리티도 그렇고, 밑간도 거의 안한 상태인지라 조금 밋밋한 맛이다. 덴뿌라에 제공되는 후추 뿌린 소금에 찍어 먹으면 깔끔한 게 술안주로 좋다.

'오구반점' 짜장면의 특징은 면이 두껍다는 것이다. 약간 우동 느낌이다. 또 화상 중국집의 짜장면 답게 양이 적다. 곱빼기가 보통 중국집의 일반 짜장면 양이다. 그래서 주문할 때 곱빼기로 할건

지 바로 묻기도 한다. 유니짜장은 특이하게 간짜장처럼 면과 짜장 소스가 따로 내어진다. 소스를 한번에 다 붓기 보다 살짝 비벼주다 중간에 다시 남은 유니짜장을 부어주면 더욱 잘 비벼진다. 예전 화상 특유의 고소한 맛을 내기보단 조금 달아진 편이다.

    서울 시내에 노포들이 하나, 둘씩 사라지고 있다. 그러나 '오구반점'은 아직까지 그 자리를 지키고 있다. 근처에 '오구반점'과 쌍벽을 이루는 안동장은 개장한 지는 더 오래됐지만, 한 번 이사를 한 적이 있다. 70여 년 동안 한 자리를 지키는 건 여간 쉬운 일이 아니다. 을지로 일대의 재개발 여파로 쉽진 않겠지만, '오구반점'은 한 자리에서 100년을 넘어가는 식당으로 남길 바란다.

오구반점

중화요리 ⑪

외백

"서울 강서 중식당 중
가장 먼저 떠오르는 외백"

번개맨 한줄평

점포명	외백
주소	서울특별시 마포구 도화2길 4 마포역 부근
영업시간	11:00 - 22:00 평일 breaktime 14:30 - 16:30, 일요일 휴무
주요 메뉴 및 가격	짜장면(7,000원), 볶음밥(8,000원), 군만두(8,000원), 탕수육(23,000원), 라조육(35,000원), 유산슬(40,000원)
번개맨의 추천 메뉴	짜장면(7,000원), 볶음밥(8,000원)
1인당 가격	10,000원 ~ 20,000원
방문 계획 세우기	보통 저녁 8시에 붐빔 최대 15분 대기

'외백'은 옛날 화상 스타일의 손맛과 불맛을 즐길 수 있는 중식당이다. '외백'은 중식 메뉴 중 요리와 볶음밥으로 유명한 곳이지만, 잡채밥과 짜장면 또한 좋은 곳이다. 대충 볶아서 볶음밥을 내는 중국집들이 많아진 요즘 아직도 정성껏 볶아내는 완성도 있는 화상의 손맛을 즐길 수 있는 곳이다. 서울 강서에는 수타짜장으로 유명한 현래장도 있지만, 가장 먼저 '외백'이 떠오른다.

마포 도화동에 위치한 '외백'은 외견부터 화상 분위기가 물씬 풍긴다. 내부는 특이하게도 일식집을 연상케 하는 바 형태의 자리가 한쪽에 자리잡고 있다. 오픈 주방이 아닌 그릇 정리와 설거지를 하는 곳이다. 2층과 3층에는 단체 손님을 위한 방이 따로 마련되어 있다. 방에는 원탁 식탁이 배치 되어 있다. 화려함보다는 고풍스러운 분위기를 풍기는데, 모임을 가지기에 편안한 공간이다.

'외백'의 시그니처 메뉴는 볶음밥이다. 볶음밥을 불 맛나게 잘

볶아낸 후에 계란프라이와 짜장까지 함께 내는 옛날 스타일 볶음밥이다. 밥을 말려서 사용한 듯 밥알 한 톨 한 톨 고슬고슬하게 살아있다. 재료 박하게 사용해서 볶아내는 볶음밥인데도 불맛 살려 볶아내 고소한 풍미가 좋다. 웍에 튀겨낸 듯한 이른바 중국식 '계란후라이'가 제대로다. 노른자를 터뜨려 주고 함께 비벼 먹으면 고소한 맛이 극대화된다. 의외로 볶음밥의 간이 심심한 편인데, 곁들여 내는 짜장에 비비면 딱 맞는다. 볶음밥의 양이 적은 편인데, 볶음밥도 곱빼기로 주문 가능하다.

볶음밥에는 계란국이 곁들여진다. 짬뽕국이 아닌 계란국이 나와야 제대로라 생각하는 이들에게는 희소식이다. 심심하지만 뜨끈한 온도감의 계란 국물이 볶음밥과 잘 맞는다. 고슬고슬함이 익숙지 않은 이들은 계란 국물 약간 곁들여 비벼주면 한결 촉촉하고 매끄러운 볶음밥이 된다. 보기와는 다르게 간이 약한 편인데, 이때도 계란국으로 조절하면 좋다.

짜장면도 화상의 색깔이 고스란히 드러나는 만듦새다. 요새 보기 힘든 오이채가 올라간 짜장면이다. 면발은 일반적인 중국집들에 비해 면의 굵기가 더 굵은 옛날식 면발이라 짜장 흡착이 잘 된다. 더 묵직한 식감과 풍미로 즐기기 좋다. 짜장은 단맛이 적고 고소한 춘장의 풍미가 살아있는 화상 스타일이다. 짜장의 양이 넉

넉한 편이라 면에 비벼 먹고 공깃밥을 추가해도 충분할 정도이다. 가끔 씹히는 돼지고기의 고소함이 짜장면 맛을 더 돋보이게 해준다.

맛있는 볶음밥 구별법

가끔 중식 볶음밥을 먹다 보면 소금 결정이 씹힐 때가 있다. 이는 요리를 잘못했다기보다 예전 방식으로 조리한다는 것이다. 소금으로만 간을 할 때 이런 현상이 나타나는데, 예전 방식 중식 볶음밥의 시그니처 같은 느낌이다. 나는 이럴 때 근본 있는 볶음밥이라 생각한다.

반면, 볶음밥에 짬뽕 국물을 주면 근본 없다고 생각한다. 대강 볶아 놓은 밥에 기름 부어서 조리하는 경우가 많은데, 이럴 경우 더욱 느끼할 테니 이를 감추기 위해 짬뽕 국물을 곁들이는 거다. 그래서, 잘 볶는 중식집에는 볶음밥에 계란국을 준다. 잘 볶으면 계란국만으로도 충분하니까. 그다음에 짜장 소스 주는 것도 선호하지 않는다.

흔히 중국식으로 알려진, 기름 잔뜩 두른 웍에 튀기듯이 조리한 계란프라이가 올라가면 금상첨화다.

물론 예외는 있다. '송쉐프'의 경우 옛날 볶음밥에 짜장 소스를 곁들인다. '송쉐프' 신사본점에 주로 찾아오는 손님들이 회사원들이 많다 보니 대중적인 입맛에 맞추기 위함이 아닐까 생각했다. 대중적으로는 보통 볶음밥에 짜장 소스를 비벼 먹는 걸 좋아하니까. 다만, '송쉐프'는 중국식 '계란후라이'를 올려주기 때문에 잠깐의 의구심을 지울 수 있다.

중화요리 ⑫

인량훠궈

번개맨 한줄평

"중국 지방색을 많이 넣은 훠궈 전문점"

점포명	인량훠궈
주소	서울특별시 강남구 강남대로140길 9 B1 신사역 부근
영업시간	11:30 - 22:00 평일 breaktime 14:30 - 17:00, 주말은 없음, 월요일 휴무
주요 메뉴 및 가격	두 가지 맛(14,900원), 세 가지 맛(18,900원), 가물치 3판(15,000원), 한우(35,000원, 150g), 소목심(13,900원, 150g), 양고기(13,900원), 아가리쿠스버섯(35,000원), 망태버섯(15,000원), 오리궁뎅이버섯(9,800원), 야채모듬(7,900원), 고수(2,900원), 완자모듬(14,900원), 하얼빈(7,000원), 칭타오(8,000원) 등
번개맨의 추천 메뉴	세 가지 맛(18,900원), 가물치 3판(15,000원), 양고기(13,900원), 망태버섯(15,000원)
1인당 가격	40,000원 ~ 50,000원
방문 계획 세우기	보통 저녁 6시에 붐빔 최대 15분 대기

'인량훠궈'는 중국 운남식 훠궈를 즐길 수 있는 곳이다. 가끔 자극적인 게 당기는 날 찾게 된다. 자극적이되 속까진 상하지 않는 음식으로 사천 요리만 한 게 없다. '인량훠궈'는 일반적인 훠궈 전문점에서는 맛보기 힘든 가물치를 훠궈로 즐길 수 있는 곳이다. 그 외로 아가리쿠스버섯, 망태버섯, 노루궁뎅이버섯 등 총 60가지가 넘는 훠궈 재료들을 즐길 수 있다. 가격도 합리적이어서 추천할 만한 곳이다.

'인량훠궈'는 전자 주문 시스템으로 테이블 위에 있는 태블릿 PC를 사용해서 주문할 수 있다. 이외의 서비스를 요청할 수 있는 콜버튼도 전 좌석에 마련되어 있다. 이 때문에 일반적인 훠궈 전문점과 다르게 한꺼번에 모든 재료를 다 시킬 필요 없이 중간중간 취향대로 훠궈 재료들을 추가해서 즐길 수 있다.

'인량훠궈'는 취향대로 육수를 선택할 수 있다. 국물 옵션으로 총 여섯 가지를 고를 수 있다. 가물치백탕, 매운홍탕, 화끈하게 매운홍탕, 얼얼하게 매운홍탕, 쏸차이탕(절인갓), 토마토탕이 있다. 최대 세 가지 맛을 골라 먹을 수 있다.

가물치백탕은 가물치뼈를 우려낸 백탕으로 일반 백탕보다 담백하고 덜 느끼한 '인량훠궈'만의 백탕이다. '인량훠궈'에서 대한민국 최초로 제공하기 시작했다. 홍탕은 한국인 입맛에 맞춰 매운 정도를 고를 수 있다. 쏸차이탕은 갓김치에 쓰이는 갓을 절여 만든 갓장아찌를 볶아내 사골육수에 우린 탕이며, 토마토탕은 토마토를 실제로 삶고 으깨어 다시 볶아 우려낸 탕이다.

 '인량훠궈'에서 샐러드바 무제한 이용권을 구매하면, 소스를 취향대로 만들어 먹을 수 있다. 기본 소스로 인량 시그니처 수제소스와 생강특제소스, 땅콩특채소스가 준비되어 있다. 생강특제소스는 가물치 전용 소스로 추천한다. 땅콩특채소스 육류용 소스로 적당하다. 그 이외에 소스는 샐러드바에 놓인 '소스를 맛있게 만드는 방법'이 적힌 안내판을 참고해 취향껏 만들어 놓으면 된다. 이용권으로 과일도 즐길 수 있다. 과일에는 토마토와 파인애플, 오렌지, 망고스틴이 구성되어 있다. 반찬으로는 미역볶음과 김치, 짠지, 중국 땅콩볶음이 있다.

 가장 먼저 탕에 모듬 야채와 콩나물을 투입해 맛을 더하면 좋다. 콩나물은 다른 재료들에 비해 더 넉넉하게 주문하는 것이 좋다. 콩나물은 어떤 재료와도 어울리고, 홍탕과 백탕 모두 맛있게 어울리는 부재료다. 콩나물은 훠궈를 먹는 내내 몇 번 추가 주문하게 된다. 사각사각 맛있는 식감을 즐길 수 있는 콩나물은 훠궈에 곁들이는 야채류들 중 제일 맛있다.

가물치는 일반적인 훠궈 전문점에서는 맛보기 힘든 재료이지만, '인량훠궈'에선 즐길 수 있다. 민물고기 중 보양식에 속하는 가물치를 아주 얇게 떠서 낸다. 가물치는 아주 살짝 익혀야 더 맛있게 즐길 수 있다. 먼저 백탕에 가물치를 세, 네 번 담갔다가 빼주면 적절히 익는다. 가볍게 데친 가물치를 소스 없이 맛보면 가물치 본연의 맛을 즐길 수 있다. 민물고기인데도 잡내 없이 담백하다. 밋밋하다면 미리 만들어 놓은 소스를 찍어 먹으면 된다. 가물치는 화저우향 머금은 홍탕에 넣어도 매력 있는 맛이 된다. 매운 양념한 홍탕의 풍미를 곁들여도 좋지만 아무래도 백탕에 더 잘 어울리는 재료다.

망태버섯 역시 일반적인 음식점에서 즐기기 힘든 식재료다. 고급 중식당에서나 취급하는 별미다. 망태버섯은 톡톡 터지는 식감을 갖고 있다. 망태버섯을 주문하면 모양 그대로 물에 불려서 낸다. 버섯인지라 가볍게 데쳐주면 망태버섯 고유의 식감이 산다. 백탕에도, 홍탕에도 잘 어울린다. 특히, 홍탕에 넣은 망태버섯은 스파이시한 홍탕이 조직 사이에 스며있어 입 안을 자극한다.

훠궈는 기름기가 있는 육류를 넣어서 즐길 때 더 빛을 발한다. 고기류는 백탕에 비해 홍탕에 넣어서 익혔을 때가 더 맛있다. 다양한 육류가 준비되는 '인량훠궈'지만 개인적으로는 홍탕에는 양고기가 제일 잘 어울린다. 소고기나 돼지고기보다 풍미와 식감이 좋아서 훠궈에 곁들이기 더 좋다. 더불어 양고기 특유의 향을 스파이시한 홍탕이 맛있게 잡아준다. 홍탕에 데친 양고기는 고수까지 곁들이면 풍미가 더 진해진다. 훠궈를 넉넉히 즐기다 땅콩소스에 찍

어 먹는 양고기도 별미다. 부들부들한 식감이 좋은 양고기는 홍탕과 소스 곁들이니 양고기 특유의 향이 전혀 느껴지지 않아서 양고기를 즐기지 못하는 취향이라도 맛있게 먹을 수 있다.

백탕에 생면을 넣어 마무리하면 좋다. 중면 정도의 생면인데 적당히 쫄깃한 식감과 백탕의 국물이 고급스럽게 어우러진다. 백탕의 국물에 육수를 보충하고, 생면을 가볍게 끓여주면 된다. 담백한 국물에 쫄깃한 면 조합은 식사로 제격이다. 샐러드바에 있는 대파를 조금 곁들이면, 흡사 사골 베이스의 안동국시가 된다. 김치 한 점을 곁들이면 매우 깔끔하게 한 끼를 마무리할 수 있는 맛이다. 또한, 홍탕에 우린 사리를 반찬 삼아 면에 곁들여도 훌륭한 한 끼 식사가 된다.

꼭 서술한 순서를 따를 필요는 없다. 장르와 순서를 따지지 않고 다양한 부재료를 투입해서 취향에 맞게 먹으면 된다. 자유분방

인량휘귀

하게 즐기는 휘궈도 그 나름의 맛이 있다. '인량휘궈'는 신사역 인근 뒷골목에 있다. 층고 높은 지하에 위치해 채광이 좋아 쾌적한 느낌을 준다. 공간이 넓고 쾌적해서 연말 모임 장소로도 적합하다.

윈난 요리와 중국 8대 요리

윈난 요리

원난 요리라고 흔히 불리며, 중국 윈난 지방 요리를 말한다. 중국의 8대 요리 중 사천 요리(쓰촨 요리)에 속하며, 한족 음식과 바이족, 다이족, 이족, 나시족 등 소수 민족 음식으로 구성된다. 내륙 요리의 진수로 중국 서부 지역의 요리를 대표한다. 산악지대이므로 향신료, 소금 절임, 건조 시킨 저장식품이 발달했다. 특히, 맵기로 유명한데 얼얼하고 맵고 강한 향기가 있는 것이 특징이다. 보통 뜨거움(燙),

매움(辣), 얼얼함(麻)으로 표현된다. 한국의 칼칼하고 달착지근한 매운맛과는 차이가 있다.

중국 8대 요리

중국 요리는 지역에 따라 다양한 특징을 가지고 있어서 8대 요리, 즉 '차이시(菜系, 요리 체계)'로 구분한다. 이 요리들은 청(淸)대 때 정립되었는데, 산둥 요리, 장쑤 요리, 광둥 요리, 쓰촨 요리가 먼저 나와 '4대 요리'로 불렸다. 그리고 나중에 저장 요리, 푸젠 요리, 후난 요리, 안후이 요리가 합류해서 '8대 요리'로 알려지게 됐다.

1. 산둥 요리

석탄의 강한 화력을 이용해 튀기고 볶고 삶는 방식을 주로 사용한다. 진하고 기름진 음식이 많다. 파와 마늘 같은 향신료를 많이 쓴다. 북경오리, 밀 면, 만두 등이 대표적이다.

2. 장쑤 요리

난징, 상하이, 쑤저우, 양저우 등의 도시에서 유래했기 때문에 '난징 요리'나 '상하이 요리'라고도 부른다. 간장과 설탕을 주로 쓰고, 달고 진한 맛이 특징이다. 색이 화려하고 선명하게 조리한다. 돼지고기에 진간장을 써서 만드는 홍사우러우가 유명하다.

3. 광둥 요리

조리법이 다양하다. 튀기는 것, 삶는 것, 지지는 것 등이 있다. 맛은 시원하고 싱겁고 바삭한 게 특징이다. 서양 채소, 토마토 케첩, 우스터소스 등 서양 요리 재료와 조미료를 받아들인 요리도 있다. 탕수육, 팔보채, 딤섬 등이 대표적이다.

4. 쓰촨 요리

마늘, 파, 고추, 마라 등 맵고 자극적인 향신료를 많이 쓴다. 소금에 절이거나 건조 시키는 방식을 주로 사용한다. 마파두부가 대표적이다.

5. 저장 요리

신선하고 부드럽고 연하며 반들반들한 음식이 많다. 향이 좋고, 면 요리가 쫀득하다. 담백하고 개운한 맛이 특징이다. 동파육이 대표적이다.

6. 푸젠 요리

달고, 시고, 짜고, 고소한 맛을 강조한다. 색감을 중요시하고 해산물을 주로 쓴다. 불도장이 대표적이다.

7. 후난 요리

맵고, 시고, 건조하며 향기로운 음식이 많다. 특히 매운 맛이 유명하다. 생선머리찜이 대표적이다.

8. 안후이 요리

중국식 햄을 많이 쓰고, 얼음 설탕을 넣어 신선한 맛을 낸다. 끓이는 방식을 주로 사용한다. 옌시엔구이가 대표적이다. 먼저 고기를 데쳐 기름기를 제거한 후 특별한 소스에 재워 맛을 내고 마지막으로 구워서 만든다. 원래 토끼 고기를 사용했으나, 현재는 닭, 오리, 물고기 등 다양한 재료로 만든다.

중화요리 ⑬

진진

"동네에서 즐기는 호텔 중식당 요리"

번개맨 한줄평

점포명	진진
주소	서울특별시 마포구 잔다리로 123 1층 망원역 부근
영업시간	매일 12:00 - 22:00 **breaktime 15:00 - 17:00**
주요 메뉴 및 가격	칭찡우럭(43,000원｜34,400원), 어향가지(24,000원｜19,200원), 대게살볶음(37,000원｜29,800원), 전복 팔보채(54,000원｜43,200원), 카이란 소고기 볶음(31,000원｜24,800원), 멘보샤(25,000원｜20,000원), 마파두부(22,000원｜17,600원), XO볶음밥(11,000원｜8,800원), 해물짬뽕(11,000원｜8,800원), 연태고량주(40,000원, 500ml)
번개맨의 추천 메뉴	칭찡우럭(43,000원｜34,400원), 카이란 소고기 볶음(31,000원｜24,800원), 멘보샤(25,000원｜20,000원)
1인당 가격	20,000원 ~ 30,000원
방문 계획 세우기	보통 저녁 7시에 붐빔 **본관은 예약제**

'진진'은 '동네에서 즐기는 호텔 요리'라는 콘셉트를 가진 중식당이다. 2016년 미쉐린 가이드 첫 한국판 발행에 포함된 중식당 두 곳 중 하나다. 홍대 주변엔 본토식의 요리를 내는 중식당이 여럿 있지만, 한편으로는 우리 입맛에 맞는 중식을 실력 있게 내는 중식당도 있다. 대표적으로 맛이차이나와 진진이다. '맛이차이나'는 소규모의 일행과 식사하기 적합하고, '진진'은 여러 사람이 모여서 술과 다양한 안주를 즐기기에 좋은 곳이다.

진진의 오너는 왕육성 셰프다. 한국에서 태어난 화교 1세대 셰프다. 곡금초, 장홍기 선생 등과 함께 활동하였고, 유명 셰프인 이연복 셰프의 5년 선배이다. 그는 신촌 만다린, 호화대반점, 플라자호텔, 코리아나호텔 등에서 쌓은 경력을 바탕으로 '진진'을 오픈했다.

'진진'은 본관과 분점인 가연이 있으며, 식사류를 내는 자매 브랜드 서교동 진향이 있다. 더불어 식자재 조달을 담당하는 진진상회를 함께 운영하고 있다. 본관은 예약제로 운영되고 있다. 오후 5시, 7시 정각으로 기준으로 예약받는다. 진진 가연은 현재는 예약 없이 운영되고 있다. 자매 브랜드인 서교동 진향은 오전 11시부터 오후 2시까지 점심시간 위주로 운영된다(2023년 7월, 본관이 위치한 건물의 재건축으로 인해 가연으로 통합운영 중).

'진진'의 메뉴는 현재 총 12개이다. 스페셜 메뉴 4가지, 일품요리 8가지로 구성되어 있다. '현재'라 단서를 붙인 것은 철에 따라 조금씩 메뉴 구성에 변화를 주기 때문이다. 품질 높은 제철 식재료

진진

를 쓰며, 작은 주방 형편까지 고려해 최적의 조합으로 메뉴를 구성한다. 대게살볶음, 멘보샤, 칭찡우럭, 마파두부, 전복팔보채, 카이란소고기볶음, 어향가지, 소고기양상추쌈 등이 있다. 일반적인 중식당에서는 찾아볼 수 없는 개성 있는 요리들이다. 흔하디흔한 짜장면이 없다. 탕수육도 팔지 않는다. 심지어 단무지까지 없다. '진진'은 술 마시는 중식당으로 포지셔닝이 확실하다. 추가로 예약 시에 메뉴에 없는 요리들을 주문할 수 있다.

스페셜 요리인 칭찡우럭은 신선한 우럭을 통째로 중국식으로 쪄서 튀긴 대파, 생각과 간장 소스를 부어낸 요리다. 살아 있는 우럭의 피를 빼고 냉장 숙성하면 질긴 식감이 없어진다. 담백한 생선 살과 튀긴 대파채, 고수, 생강, 간장소스, 홍고추가 어울려 짭짤하고 향긋한 맛을 낸다. 남은 소스에 밥을 비벼 먹으면 딱이다. '진진'은 해산물은 팔아도 싱싱한 생선요리는 안 팔리니 메뉴에 넣지 말라는 중식계의 불문율을 깼다. 공력 들어간 제대로 된 중국요리를 선보이기 위함이라고 한다.

카이란 소고기 볶음도 별미다. 대만에서 재배되는 특수 야채인 카이란을 굴소스와 소고기에 함께 볶아낸 요리다. 카이란은 독특한 향을 가진 채소로 식감이 좋다. 한국 기후에 맞지 않아 계약 재배하는 농가에서 가지고 온다고 한다. 야들야들한 소고기와 아삭아삭 씹히는 카이란의 대비가 좋다. 카이란 소고기 볶음 역시도 채소요리는 잘 안 팔려 재료를 버리게 되니 절대 시도하지 말라는 불문율을 깨는 메뉴다.

멘보샤는 미쉐린 가이드에 올라간 '진진'의 대표 메뉴다. 멘보는 빵을, 샤는 새우를 뜻한다. 멘보샤는 다진 새우살, 돼지비계, 녹말가루, 소금, 후추, 생강 등을 넣어 만든 완자를 식빵 사이에 넣어 튀겨내 만든다. 진진 멘보샤는 여섯 피스에 일반가 25,000원, 회원

가 20,000원이다. 가격 착하기로 유명한 연남동 '산왕반점'과 '향미'의 멘보샤와 비교해도 저렴한 가격에 멘보샤를 제공하고 있다. 멘보샤 역시 색다른 요리를 선보이고자 하는 마음에서 메뉴에 올렸다고 한다. '진진'이 한국에 멘보샤 바람을 일으킨 셈이라고 해도 과언이 아니다.

'진진'의 특이한 점은 회원제를 운영한다는 점이다. 3만 원을 내면 바로 진진 회원이 돼서 주류 제외하고 20% 퍼센트를 할인받는다. 10만 원어치 요리를 먹으면 2만 원을 아끼는 셈이다. 한두 번만 이용해도 가입비만큼 혜택을 받을 수 있다. 게다가 연회비가 아니라 평생회원 가입비다. 일행 중에 회원이 한 명만 있어도 혜택은 같다. 진진의 대표 왕육성 셰프가 쓴 책 〈진진, 왕육성입니다〉에 따르면, 2021년 12월 기준 회원 수는 5만여 명이라고 한다. 회원 가입비는 품질 높은 재료 구하는 데 재투자된다고 한다.

찾아가기 조금 어려운 위치, 넓지 않은 실내, 다소 적은 요리 수, 색다른 메뉴, 예약제, 회원제, 오픈 홀, 오픈 주방, 요리마다 새 접시 등의 진진이 보여주는 모습은 기존 중식당과는 조금 다르다. 이런 점에 '진진' 방문을 꺼리는 사람에게는 "다 이유가 있다"는 말로 갈음하고 싶다. 그 이유들은 앞서 말한 책에서 찾아볼 수 있다. 글 쓰는 셰프인 박찬일은 해당 책의 추천의 글에서 "우리나라 중국집은 거의 50년 동안 변화가 없다. 1970년대에 이뤄진 어떤 전형성이 그대로 답보되고 있다. 오히려 퇴보했다"고 했다. 이어 "그걸 떠안고 풀어간 화교 쓰부들이 꽤 있었고, 왕육성이 그중 한 분"이라고 말했다. 그의 책을 읽어보길 추천한다. '진진'이 어떤 마음가짐으로 새로운 중식당 모델을 만들어 냈는지 살필 수 있다. 그것이 미쉐린 가이드가 '진진'에게 별을 준 이유다. 더불어 한국 중화요리 110년 역사까지 살펴 볼 수 있다.

중화요리 ⑭

팔레드 신

"특별한 날 방문하기 좋은, 비교적 저렴한 중식 파인 다이닝"

번개맨 한줄평

점포명	팔레드 신
주소	서울특별시 중구 퇴계로 67 레스케이프 호텔 6층
영업시간	매일 11:30 - 22:00 breaktime 15:00 - 17:30
주요 메뉴 및 가격	생목이 버섯을 곁들인 해파리 냉채(22,000원), 마늘 소스 오이 샐러드(9,000원), 크리스피 새우 창편(31,000원, 6p), 소롱포(20,000원, 4p), 메추리알 트러플 샤오마이(21,000원, 3p), 북경오리(160,000원), 북경오리 야채 탕면(24,000원), 매콤한 북경오리 볶음(24,000원), 크리스피 북경오리 볶음밥(24,000원), 북경오리 레터스 랩(23,000원), 꿀 소스 이베리코 챠슈(66,000원), 뱀부 포레스트(14,000원)
번개맨의 추천 메뉴	마늘 소스 오이 샐러드(9,000원), 메추리알 트러플 샤오마이(21,000원, 3p), 북경오리(160,000원), 크리스피 북경오리 볶음밥(24,000원)
1인당 가격	100,000원 이상
방문 계획 세우기	보통 오후 1시, 저녁 7시에 붐빔

'팔레드 신(Palais de Chine)'은 특별한 날에 방문하기 좋은 중식 레스토랑이다. 부티크 호텔인 레스케이프 호텔 6층에 있는 '팔레드 신'은 1930년대 개화기의 상하이를 모티브로 한 인테리어와 함께 홍콩의 모던 차이니즈 레스토랑 '모트 32(Mott 32)'의 시그니처 메뉴인 북경오리와 딤섬을 즐길 수 있는 중식당이다. 홍콩에서 제일 잘나가는 모트 32와 협업해서 국내에서 쉽게 만나기 힘든 광둥식 요리를 선보인다. 비슷한 클래스의 프리미엄 중식당인 신라호텔 팔선과 플라자호텔 도원 등의 호텔 중식당에 비해 상대적으로 저렴한 편에 속하기 때문에 특별한 날 방문하기 좋은 중식 파인다이닝이다.

모트 32는 홍콩의 미슐랭 1스타를 받은 광둥식 중식 레스토랑이다. '모트 32'라는 이름은 뉴욕 최초의 중국 편의점이 위치한 거리인 '32 Mott Street'에서 따왔다. 세계에서 가장 활기 넘치는 차

팔레드 신

이나타운의 기운을 전하겠다는 의지가 담겼다고 한다. 중국의 광둥·쓰촨·베이징식을 넘나드는 조리법을 서양 식재료에 적용한 세련된 중식을 표방한다. '팔레드 신'은 모트 32와의 제휴를 통해 탄생했다. 5명의 한국 셰프가 홍콩을 직접 방문해 1개월간의 집중 훈련을 통해 모트 32의 비법을 전수하였다고 한다. '팔레드 신'에서 맛볼 수 있는 메뉴 가운데 약 80%는 모트 32의 요리와 같다. 2021년 12월, 모트 32는 한국에 세계 다섯 번째로 매장을 냈는데,

'팔레드 신'의 가격이 상대적으로 저렴한 편이다.

'팔레드 신'의 대표 메뉴는 북경오리다. 북경오리는 중국에서 최고로 진미로 여겨지는 요리로, 최소 3일 전에는 주문예약을 해야한다. 북경오리를 요리하는 데만 하루 이상이 소요된다고 한다. 생후 42일 된 오리의 껍질을 벗겨 손질한 후 주둥이에 바람을 불어 넣어 살과 껍질 사이에 층을 분리한다. 이후 물엿, 식초 등을 섞은 양념을 발라 하루 정도 벽에 걸어 건조한다. 그리고 약 200℃ 장작불에서 1시간 정도 오리를 굽는 과정을 거친다.

먼저 요리와 곁들일 야빙과 파채, 오이, 설탕, 북경오리 전용 소스가 준비된다. 전용 소스는 모트 32 특유의 회오리 문양대로 낸다. 야빙은 얇은 밀전병으로 팔레드 신 밀전병은 북경 오리의 본연의 맛을 가장 잘 느낄 수 있게 무(無)맛으로 만들었다. 북경오리는 담당 셰프가 카빙(carving) 해준다. 카빙이란 주방에서 조리된 생

선의 뼈나 껍질 등을 제거하고 먹기 좋은 크기로 제공하는 것을 의미한다. 북경오리 한 마리를 카빙하면, 껍질과 껍질에 살점이 조금 붙은 부위 각각 두 접시가 만들어진다.

북경오리를 먹는 방법은 우선 바싹하게 구워진 북경오리의 껍질을 본연의 맛으로 즐긴 후에 목 부위의 가장 기름지고 도톰한 껍질을 설탕만 찍어서 먹는다. 껍질에 살점이 조금 붙은 부위는 밀전병에 채 썬 오이와 파채를 넣고, 전용 소스와 함께 먹으면 된다. 오리 몸에 살이 더 붙어있지만, 그것은 셰프님과 함께 유유히 사라진다. 처음 북경오리를 접하는 이들이라면 당황할 수도 있다. 원래 북경오리는 껍질이 핵심인 요리로, 고기와 같이 내놓을 때 부드러운 살인 어깨살, 가슴살만 썰어준다. 나머지 부분은 대체로 탕으로 고아 먹는데, '팔레드 신'은 나머지 부분으로 북경오리 야채탕면, 매콤한 북경오리 볶음, 크리스피 북경오리 볶음밥, 북경오리 레터

팔레드 신

스랩 4개 메뉴 중 2개 메뉴로 연계해서 먹을 수 있다.

'팔레드 신'의 딤섬 중 유명한 메뉴는 홍콩 모트 32의 시그니처 메뉴이기도 한 '메추리알 트러플 샤오마이'다. 샤오마이는 밀가루 반죽에 다진 돼지고기를 넣고 꽃 모양으로 빚어 쪄서 만드는 딤섬의 일종이다. 딤섬 안에 저온으로 조리된 메추리알이 들어있다. 샤오마이를 한 입 물으면 반숙 메추리알이 터지면서 노른자가 입안에서 퍼진다. 그와 함께 트러플 향이 더해진다. 한국과 홍콩 두 나라 식재료의 차이로 인해 메추리알의 경우 '팔레드 신'에서는 국산을 쓰고 있는데 알의 훨씬 크기가 크고 맛이 좋다고 한다.

마늘 소스 오이 샐러드는 식욕을 돋우는 애피타이저로 좋다. 요리와 함께 찬으로도 즐기기 좋다. 마늘 소스와 싱그러운 오이의 조합이 깔끔하게 어우러져서 간이 절묘하게 맞아떨어진다. 오이는 자차이처럼 식사 중 반찬 역할을 한다. 살짝 단맛의 북경오리에

시큼한 오이가 잘 어울려서 계속 오이를 추가하게 된다.

'팔레드 신'은 반려견 동반 식사 공간이 있다. 좌석은 30여 석. 반려동물과 함께 식사할 수 있는 공간을 따로 마련했고 반려동물의 먹거리까지도 제공한다. 또한, '팔레드 신'이 위치한 레스케이프 호텔 9층은 전 층이 펫 프렌들리 존이라, 반려동물과 동반하는 것도 좋다.

이는 레스케이프 호텔 오픈 전부터 신세계 조선 호텔의 신규 호텔 TF팀을 이끈 김범수 초대 총지배인의 공이 크다. '팻투바하(pat2bach)'라는 유명 미식 블로그를 12년 이상 운영해 온 그는 서울 시내 곳곳에 있는 숨어 있는 작은 식당부터 뉴욕, 파리, 런던에 있는 미슐랭 3스타 레스토랑까지 폭넓게 방문하는 미식 분야의 평론가였다. 이전에 블로그에 올린 맛집 게시물만 3,800여 개고, 블로그 방문자 수는 수백만 명에 달했다. 평론가로서 쌓은 다양한 경험은 호텔을 라이프 스타일 큐레이션 플랫폼으로 만들어 냈다.

팔레드신

중화요리 ⑮

하하

번개맨 한줄평

"중국 산동 요리를
저렴하게 안주 삼을 수 있는 중국집"

점포명	하하
주소	서울특별시 마포구 동교로 263 홍대입구역 부근
영업시간	11:30 - 21:30 **breaktime 14:40 - 17:00,** **화요일 휴무**
주요 메뉴 및 가격	피단두부(7,000원), 돼지귀무침(7,000원), 군만두(8,000원), 왕만두(2,500원), 찐만두(8,000원), 새우볶음밥(8,000원), 가지튀김(18,000원), 유림기(18,000원), 산둥쇼우기(24,000원), 칭타오(8,000원), 연태고량주 소(12,000원), 콜키지/오픈 차지(20,000원)
번개맨의 추천 메뉴	피단두부(7,000원), 돼지귀무침(7,000원), 군만두(8,000원), 왕만두(2,500원), 가지튀김(18,000원)
1인당 가격	20,000원 ~ 30,000원
방문 계획 세우기	보통 저녁 7시에 붐빔 **주말 최대 30분 대기**

'하하'는 중국 산동 지역의 음식을 저렴하게 맛볼 수 있는 곳이다. 만두를 비롯해서 저렴한 메뉴가 많다. 요리의 가격대는 칠천 원에서 시작해 만 원에서 이만 원 대가 대부분이다. 짜장면, 짬뽕 같은 면 요리는 없으며, 요리 이외에는 만두와 새우볶음밥이 유일한 식사 메뉴이다. 술 먹기에 딱 좋은 중국집이다.

'하하'는 만두와 가지튀김으로 유명하다. 간판에 적힌 것처럼 만두전문점을 표방하고 있다. 종류로는 군만두, 찐만두, 왕만두가 있다. 군만두는 한쪽만 구워내 바삭함과 촉촉함을 동시에 느낄 수 있다. 왕만두는 고기, 표고버섯, 그린빈, 양파 등을 다져 속 재료로 넣었다. 두꺼운 피의 특성상 호불호가 많이 갈리지만, 만두전문점답게 기본 이상의 맛을 보여준다. 모든 만두가 각각 다른 만두피와 소를 가진다. 만두피의 숙성 기간도 다르다.

가지튀김 또한 유명하다. 가지튀김은 메뉴명과는 다르게 '가

지튀김볶음'에 가깝다. 튀김옷을 얇게 입혀 바싹하게 구워낸 가지를 돼지고기와 대파, 쥐똥고추와 매콤달콤한 소스에 함께 볶아냈다. 술안주로 제격이다.

'하하'의 메뉴에는 '작은요리류(小菜類)'가 있다. 일종의 미끼 메뉴라 할 수 있다. 피단두부와 감자채무침, 머릿고기무침, 돼지귀무침, 해파리무침 총 5가지가 있다. 중국 4품 요리에 해당하는 것들을 단품화한 것이다. 가격은 7,000원이다. 돼지귀무침은 쫄깃한 돼지고기와 오이를 달곰하면서도 짭조름한 소스에 함께 버무린 메뉴다. 서울대입구역 근처 성민양꼬치에서 단골손님들에게만 제공되던 메뉴로 별미로 즐기기 좋다.

4인을 기준으로 하였을 때 요리 2가지와 식사를 대신하여 만두 1~2가지를 주문해서 먹는 것이 보통이다. 거기에 작은요리류를 추가해 먹으면 좋다. 4명 정도라면 군만두나 왕만두, 가지튀김,

돼지귀무침, 피단두부를 추천한다. 메뉴 하나하나의 수준이 대단히 높다고 할 수는 없다. 하지만 독특하고, 푸짐하고, 저렴하고, 맛도 평균 이상 되는 곳이다. 식도락을 취미로 입문하려는 분들이라면, 맛 자체보다도 경험치를 쌓는다는 생각으로 여러 지인과 방문하면 만족도가 올라갈 듯싶다.

중화요리 ⑯

향미

번개맨 한줄평

"4대째 이어지고 있는
대만식 화상 중국집"

점포명	향미
주소	서울특별시 마포구 성미산로 193 홍대입구역 부근
영업시간	매일 11:30 - 22:00
주요 메뉴 및 가격	총칭라즈찌 小(28,000원), 오향닭(18,000원), 깐풍가지 小(22,000원), 꿔티에(7,000원), 소룡포(7,000원), 군만두(7,000원), 왕만두(10,000원), 대만식 돈까스(8,500원), 우육탕면(9,500원), 공심채볶음(18,000원)
번개맨의 추천 메뉴	깐풍가지 小(22,000원), 꿔티에(7,000원), 소룡포(7,000원), 군만두(7,000원), 왕만두(10,000원), 대만식 돈까스(8,500원), 우육탕면(9,500원)
1인당 가격	10,000원 ~ 20,000원
방문 계획 세우기	보통 오후 1시, 저녁 7시에 붐빔 최대 15분 대기

'향미'는 대만식 중식을 맛볼 수 있는 화상 중국집이다. 다른 화상 중국집에서 보기 힘든 메뉴들이 있다. 메뉴판에 명확히 '우리는 ~식'이라고 써놓은 게 없기에 구분하기 쉽진 않지만, 메뉴로 보건데 대만풍 중화요리 계열이라고 할 수 있다. 실제로 '향미'를 운영하는 분들은 대만에서 건너오기도 했다.

간판에서도 보이듯 '향미'는 만두전문점이다. 다양한 만두 메뉴가 있다. 예전에는 향미에서만 맛볼 수 있는 만두가 있을 정도였다. 향미를 대표하는 건 왕만두다. 산동식 왕만두로 고기 조금에 배추, 부추를 다져 넣고 유부, 당면, 버섯이 들어간다. 만두피는 찐

빵 같은데 이스트를 넣어 발효시킨다고 한다. 주먹만 한 크기에 실밥 무늬가 독특하다. 현재는 매장에서 즐길 순 없고, 냉동 상태로 포장 판매만 가능하다. 이외에도 꿔티에(지짐만두), 소룡포, 군만두도 추천한다.

'향미'가 대만식 화상 중국집인 만큼 그에 맞는 메뉴를 추천해 보자면, 먼저 우육탕면이다. 대만의 대표 음식인 우육탕면은 메뉴판에는 소고기 면이라 쓰여 있다. 녹진한 고깃국물이 중독성이 강하다. 대만식 돈까스도 먹을 수 있다. 대만식 돈까스는 큼직하고 두툼한 고기튀김이다. 전분 가루만 살짝 묻혀서 겉을 바싹하게 튀겨낸 고기튀김을 소스와 곁들여 밥 위에 올려 낸다. 일본식 돼지고기 돈까스와는 다르게 소고기나 닭고기를 쓴다. 고깃결을 잘 살려서 튀겨내 식감이 좋다. 슴슴한 편이라 식사 메뉴로 좋다.

'향미'의 깐풍가지는 술안주로 제격이다. 깐풍가지는 깐풍기 소스에 가지를 튀겨 볶은 메뉴로, 특히나 맥주와 궁합이 잘 맞는

다. 맥주 한 잔에 매콤달콤한 가지를 곁들이면 이만한 안주가 없다. 가지를 좋아하는 이들에겐 강력 추천하고, 가지를 싫어하는 이들에게도 추천한다. 인식의 변화를 불러올 수 있다. 연남동의 여러 화상 중국집에서 내놓는 다양한 가지요리가 있지만 그 중 상위권을 차지하지 않을까 싶다.

중식당은 자고로 여러 명이 가서 푸짐하게 이 요리 저 요리 시켜놓고 먹는 게 제맛이다. '향미'는 식사부터 요리 메뉴까지 다양한 메뉴가 있어 술도 먹고 밥도 먹고 할 수 있는 곳이다. 게다가 한국식 중식당에서는 맛볼 수 없는 특성 있는 메뉴가 있어 좋다. 짜장면, 짬뽕, 탕수육, 깐풍기 같은 한국 중식에 질린 분들에게 추천한다. 더불어 향미가 향미 '가(家)' 식당 중 그나마 인파가 덜 몰린다. 틈새전략을 발휘해 편안하게 대만식 중화요리를 즐겨보자.

향미의 역사

1940년대 말, 명동 중국대사관 내에 한성화교학교가 있었다. 화교 학생 수가 급속히 늘기 시작하면서 1960년대 말 초등학교만 명동에 남겨두고 중, 고등학교를 연희동으로 이전했다. 이때부터 연희동, 연남동에 화교들이 많이 거주하게 됐다. 당시 정부는 화교들이 토지 소유를 할 수 없게 제도화했기 때문에 사실상 요식업 말고는 할 수 있는 사업이 없었다. 그래서 연남동 일대에 화상 중국집이 많아졌다.

향미는 할아버지, 아버지, 아들·딸, 손자·손녀까지 4대가 이어왔다. 특히, 가히 향미 '가(家)'라고 할 정도로 형제, 자매 식당들이 여럿 있다. 향미의 시작은 명동 '쌍화루'였다. 명동 '쌍화루'에서 시작해 '연미동 향미', '연남동 향미', '명동 향미', '상수동 향미', '연남동 연교', '연남동 월량관', '연남동 조원'까지 있다. 모두 향미 가족으로 대만풍 중화 요리 계열을 선보이는 화상 중국집이다. 향미라는 확실한 백그라운드를 가지고 있어 대체로 평이 좋은 편이다. 또한, 각 점포마다 특성 있는 메뉴가 있다. 예를 들면, 향미 '가(家)'의 다른 지점에선 완탕 느낌의 차우셔우(산동식 물만두)가 있고, 또다른 지점엔 구운 찐만두인 성젠바오(상해식 만두)를 맛볼 수 있다. 각 점포마다 특징이 있기 때문에 골라가는 건 나름의 포인트다.

향미의 역사 정리
연미동 향미를 운영했던 쟈오리엔이(조연의·68) 대표 기준으로

아버지 <쌍화루>

⇨ 쟈오리엔이(조연의·68) <연미동 향미>

⇨ 아들 <명동 향미>

⇨ 첫째 딸 <연남동 향미>

⇨ 둘째 딸 <연남동 연교>

⇨ 손자(첫째 딸의 아들) <상수동 향미>, <연남동 조원>

⇨ 손자(둘째 딸의 아들) <연남동 월량관>

※ 현재 <월량관>은 다른 사람에게 양도

중화요리 ⑰

현래장

"70년 전통의 수타 짜장면"

번개맨 한줄평

점포명	현래장
주소	서울특별시 마포구 마포대로 20 다보빌딩 B1 **마포역 부근**
영업시간	매일 11:30 - 21:30
주요 메뉴 및 가격	짜장면(7,500원), 손 군만두(8,000원), 옛날 짜장면(8,500원), 잡채밥(9,500원), 고추짬뽕(12,000원), 탕수육 小(22,000원), 깐풍기 小(35,000원), 난자완스 小(35,000원)
번개맨의 추천 메뉴	옛날 짜장면(8,500원)
1인당 가격	10,000원 ~ 20,000원
방문 계획 세우기	보통 오후 12시에 붐빔 **최대 15분 대기**

'현래장'은 수타로 뽑은 옛날 짜장면을 맛볼 수 있는 곳이다. 요즘 무척 드물어진 수타면을 뽑는 몇 안 되는 중식당이다. 수타면은 일반 면보다 조금 더 쫄깃한 식감으로 즐길 수 있다. 면의 굵기는 일정치 않지만, 짜장 소스가 흡착이 잘된다. 입안에 느껴지는 질감은 매끄럽다. 손짜장이란 이름을 걸고 대충 치대다 면을 뽑아내는 집들과 확실히 다른 솜씨의 수타면을 즐길 수 있는 곳이다. 쫄깃한 수타면에 고소한 풍미가 좋은 화상 스타일의 짜장이 맛있게 어울린다. 양파, 양배추에 감자와 단호박을 큼직하게 썰어서 볶아냈다. 달 게 먹고 싶을 땐 단호박, 고소하게 먹고 싶을 때는 감자를 곁들이면 된다.

'현래장'은 6.25 전쟁이 끝난 해인 1953년에 시작했다. 마포 일대에서는 꽤 오랜 역사가 있는 중식당이다. 마포 BBS 불교방송국 지하 1층에 있다. 꽤 넓은 편이다. 지금의 자리는 한번 이전한 곳으

로 이전하기 전에도 꽤 큰 업장이었는데 여전히 마포 쪽에선 돋보이는 규모다. 여담으로 요즘은 숙박업소가 아닌 이상에야 식당명에 장(莊)을 쓰는 경우가 드물다. 안동장(을지로), 중림장(충정로), 태화장(대전), 은하장(파주) 등 '-장'이 붙은 식당은 모두 최소 30년 이상 운영해 왔다. '현래장'도 올해로 70년이 됐다.

서울에서 짜장면 맛집을 찾기 어려운 이유

짬뽕으로 전국에 명성을 떨치는 식당들은 많지만, 짜장면으로 유명한 곳은 상대적으로 적은 편이다. 개성보다는 어딜 가나 무난한 맛인 경우가 많다. 그런데도 짬뽕보다 짜장면이 유명한 곳을 꼽아보자면 부산, 인천, 충북, 전북 등 대부분 지방(녹두장군의 식도락 블로그 참고)이다. 부산과 인천은 대도시인데도 잘하는 집이 많은 아주 특이한 경우다. 물론 두 도시 모두 개발에 소외된 구도심 지역에서나 짜장면 맛집을 찾아볼 수 있다. 그래서 오래된 동네의 짜장면이 더 맛있다. 반대로 말하자면 대도시일수록 짜장면 맛집을 찾기 어렵다.

이러한 내용은 '글쓰는 셰프' 박찬일 셰프의 음식 에세이 《곱빼기 있어서 얼마나 다행인가》에서도 확인할 수 있다. 책에서는 지방이나, 농촌과 같이 월세가 저렴한 곳에 짜장면 맛집이 몰려있는 현실에 대해 안타까움을 드러냈다. 또한 전설적인 면판장을 거금을 주고라도 데려오고, 세계에 자랑할 만한 기술이었던, 산둥 지역 특유의 수타면 기술 전승이 안된 점 등 과거와 달라진 현재를 언급했다.

나의 맛집 찾는 방법

지금도 사람들이 맛집 블로그를 찾아볼까?

다른 사람은 몰라도, 난 본다. 그것도 매일매일, 꽤 오랫동안.

나의 일과를 풀어보자면, 출근해서 제일 첫 번째로 하는 일은 구글 크롬을 켜서, 〈이스타TV〉의 유튜브 스튜디오를 체크하는 거다. 유튜브 채널의 조회 수와 금액을 체크하고, 오늘 하루 영상 업로드 일정을 체크한다.

두 번째로 하는 게 바로 맛집 블로그를 훑어보는 일이다. 북마크를 해놓은 블로그들이 몇 있다. 회사가 아닌 개인이 운영하는 블로그 내지는 SNS의 링크를 북마크 해뒀다. 7, 8개 정도 된다. 음식 블로그만 모아둔 것은 아니지만, 대부분 음식 카테고리 사이트이긴 하다.

세 번째로 '유튜브 인기 급상승 동영상'을, 네 번째로 개인, 회사 메일을 체크한다. 그리고 마지막으로 축구 사이트를 체크한다. 명색이 축구 유튜버인데, 축구 사이트를 제일 뒤에 확인한다.

이게 루틴이 된 지 꽤 오래됐다.

처음 블로그를 찾아보기 시작한 계기는 평양냉면 맛집을 찾기 위해서였다. 어렸을 때부터 평양냉면을 좋아했다. 부모님 두 분 모두 평양냉면을 워낙 좋아하셔서 따라다니면서 먹다가 맛을 들이게 됐다. 근데 부모님은 항상 같은 평양냉면집만 찾았다. 이게 불만이었다. 다른 평양냉면집을 가보고 싶어졌다.

그러다 '녹두장군의 식도락'이라는 이글루스 블로그를 알게 됐다. 녹두장군은 각종 언론에서도 따다 쓴 '5대 짬뽕'과 같은 키워드를 처음 써서 유명해진 블로거다. '5대 짬뽕'처럼 각종 음식을 분류하는 일을 잘했다. 평양냉면도 마찬가지. 예를 들어, 평양냉면에 대해 "고춧가루를 넣는 의정부파와 아주 맑은 육수를 넣는 장충동파로 나눴다. 그것과 별개로 육향 강한 육수를 쓰고 있는 우래옥으로 크게 나눌 수 있다"라고 했다. 어디서 많이 들어본 이야기 같지 않나? 나의 평양냉면 분류법도 이 사람에게서 온 것이다. 요즘도 누군가 내게 평양냉면에 관해 묻는다면 자주 이렇게 답한다.

아스널 팬 사이트 '하이버리'에서 활동한 것도 음식 블로그를 많이 보게 된 계기가 됐다. '하이버리'가 아스널 팬 사이트인 만큼 축구, 특히 아스널 축구에 관한 이야기가 주다. 근데 인터넷 커뮤니티에서 오래 활동하다 보면 별의별 사람들이 있고, 다양한 주제의 글이 올라온다. 주류 의견이 아닌 글들도 많다. 조회수, 댓글이 얼마 안 달리는, 어쩌면 그냥 지나쳐 버릴 수 있는 게시물들을 종종 봤다. 종합 게시판에 연예인, 음악 등 다양한 주제의 글이 올라오곤 했는데, 그때 음식을 주제로 한 글도 많이 봤다.

본격적으로 블로그를 보기 시작할 때는 수능에 실패한 후부터였다. 나의 이야기를 담은 전작 『주식회사 랩추종윤』에 수능 실패담을 썼다. 특히, 재수를 준비할 당시의 단상을 회고해 놓았었는데, "(수능) 다음날 곧바로 재수학원에 등록했다. (...) 내 관심은 오로지 축구였고, 그도 그럴 것이 그때가 2003-2004 시즌, 아스널이 무패우승이 신화를 달성했던 바로 그 시즌이었다. 축구를 놓을 수가 없었다. 축구를 안 볼 때는 독립영화를 보러 다니거나, 인디 음반을 사러 다니곤 했다. 지독한 홍대병에 빠져있었다. 지금 생각해 보면 뒤늦은 사춘기가 찾아온 것이었다. 당연히, 재수는 망했다. 지난해 수능 점수보다 더 안 나왔다"라 언급했다.

『주식회사 랩추종윤』에 담진 않았지만, 이 시기 음식점도 많이 찾아다녔다. 어찌 보면 당연한 일이다. 놀러 다니는데, 식도락이 빠질 수 없다. 일찍부터 혼밥을 해오긴 했지만, 식도락 다닐 땐 일행이 있는 게 좋으니까, 친구들이랑 많이도 다녔다. 그래서 가기 전에 음식 블로그를 많이 찾아보고 갔다. 블로그 '레이니'를 이때부터 보게 됐다.

내가 보는 블로그가 숨겨져 있는 사이트가 아니다. 오히려 유명한 블로그다. 한 4~5개 정도를 보고 있다. 이글루스의 '녹두장군의 식도락', R고기 대표이자 미식 블로거인 '레이니(Rainy)', 미식블로거 출신으로 신세계호텔 레스케이프를 기획했던 '팻투바하(pat2bach)', 요즘에 유튜브를 해 구독자 35만 이상인 '비밀이야(bimirya)'를 주로 본다. 와인과 관련해서 '와인마시는 아톰(WineAtom)'과 '버럭훼인(mpbhong)'을 본다. 앞서 언급한 블로그마다 성격이 다 다르기에, 나와 취향이 맞는 부분을 찾아 그 부분만 참고하는 편이다. 예를 들어 한 블로거가 추천하는 한식 분야가 내 취향이다 싶으면, 그 블로그에서는 한식 분야만 살펴보는 식이다. 한편, 한식 취향은 맞더라도 중식, 일식 취향은 맞지 않은 경우도 있다.

구체적으로 '팻투바하'는 주로 데이트용으로 참고한다. '레이니'는 한식, 중식 메뉴를 내는 식당을 찾을 때 참고한다. '비밀이야'는 일식이나 술 마시기 좋은 곳을 찾을 때 참고한다. '녹두장군의 식도락'은 이전에는 중식, 지금은 서울 이외의 지역 식당을 찾을 때 참고한다. '와인마시는아톰'과 '버럭훼인'은 주류를 살피기 위해 찾아본다.

만일 한 블로그에서 식당을 추천했다면, 그 평 하나만 보고 가지는 않는다. 구독하고 있는 여러 블로그를 통해 교차검증을 해본다. 만약 한 블로그에서 강한 불호의 평이 있다면 찾아가길 잠시 유보한다. 근데 다수가 한 번쯤은 가볼 만한 데라고 이야기하면 일단 가본다. 이런 경우 대체로 평균 이하로 맛이 떨어지는 경우가 별로 없었고, 보통 평균 이상이었다. 그다음은 내 감성에 맞추는 편이다. 예를 들어, 고요한 분위기에서 식사를 하고 싶다면, 조선호텔 홍연에 간다. 노포 화상중국집을 간다면, 메뉴판에 옛날에 쓰던 빨간색 인주로 메뉴가 적혀 있고, 오래된 기물을 쓰는 곳이 좋다. 설렁탕집은 너무 깨끗한 뚝배기보다는, 약간 깨져 있는 뚝배기에서 끓인 설렁탕이 더욱 맛있게 느껴진다. 내 감성에 맞으면 더 맛있게 느껴진다. 실질적으로 맛은 똑같겠지만.

개인적으로 인스타그램에서 맛집 포스팅을 볼 때 종종 공감하지 못하는 순간이 있다. 인스타그래머블(Instagramable)한 식당들은 내 감성과 맞지 않는 편이다. 과한 플레이팅으로 한 입에 먹지 못하는 수제버거를 내는 식당이 있는가 하면, 이전에 가본 적이 있는 맛집도 인스타그램 마케팅을 거치게 되면 이상해지기도 했다. 분명히 괜찮은 식당이었다. 하지만 인스타그램의 홍보에서 보이는 그 장소는 내가 알던 그곳이 아니었다. 그래서 나는 팻투바하를 포함한 몇몇 계정을 제외한 나머지 인스타그램은 '믿고 걸러야겠다'라는 생각을 하게 되었다. 내가 구독하는 블로그들은 과장 없이 적당하게 음식과 식당을 다룬다. 그래서 어쩌면 사람들이 생각하는 맛집이랑 내가 생각하는 맛집이 좀 다를 수 있다고 생각한다.

물론 블로그도 무조건 믿을 만한 곳이라고 할 수 없다. 실제로 블로그도 바이럴 마케팅이 문제가 된 적이 있다. 광고지만 광고라고 표시하지 않았다. 그에 대해 대중의 질타가 있었다. 논란이 정리되는 과정을 지켜봐왔다. 그래서 내가 주로 찾아보는 블로거들은 바이럴 마케팅의 유혹을 상대적으로 덜 받는 사람들이기도 하다. 또한, 이들은 긴 시간 활동해 왔다. 그 시간 동안 바이럴 마케팅만으로 생존하는 것은 불가능하다고 생각한다. 게다가 블로그가 아니더라도 업계에서 한 자리씩을 차지하는 사람들이기도 하다. 또한, 인스타그램보다는 블로그가 '현재는' 바이럴 마케팅에 비교적 덜 노출되어 있다고 생각한다. 블로그는 글을 써야하고, 그로 인해 특정 '폼'을 유지하기 위해 어느 정도의 노력이 필요하다.

사진만 봐도 보정인지 가짜인지 구별할 수 있다. 예전부터 온

라인 커뮤니티를 운영한 경험이 있고, 오랫동안 블로그를 봐왔기 때문이다. 이건 단지 오래 보다 보니까 생기는 능력 같다. 마치 축구 기사도 오래 봐오면 찌라시와 실제 뉴스를 구별할 수 있는 것과 비슷한 느낌이다. 블로그의 역사와 그곳에서 펼쳐지는 바이럴 마케팅 논란이 생기고 사라지는 걸 봐온 나로서는, 블로그가 아직도 신빙성 있는 정보의 원천이 될 수 있다고 본다. 아니, 이제는 내가 어느 정도 구분할 수 있다. 시대가 변해 주요 SNS가 인스타그램이 된 지금, 인스타그램을 주로 이용하는 사람들도 그 판에서 경험을 쌓다보면 구별하는 힘을 키울 있을거다. 결국, 자신만의 최적화를 이루는 것이 중요하다고 생각한다. 다만, 아무리 그래도 직접 가보는 것이 가장 확실하다. 직접 가 보면서 나에게 맞는 최적화된 정보 수집 창구를 구축하면 된다.

한편, 2023년 6월 16일 자로 국내 1세대 블로그 '이글루스'가 20년 만에 서비스를 종료했다. 이글루스 블로그 '녹두장군의 식도락'도 역사 속으로 사라졌다. 네이버 블로그 '팻투바하'는 2018년 3월 4일 마지막 포스팅에 이제 주요 활동 무대를 블로그에서 인스타그램으로 옮긴다고 공지했다. '비밀이야' 역시 2019년 8월 9일자로 주요 무대를 유튜브로 옮기게 됐고, 지금은 구독자 35만인 대형 유튜버가 됐다. 요즘은 다들 블로그는 아카이브용으로 사용하는 경우가 더 많은 것 같다. 다들 활동 무대를 바꾸면서 내 나름의 최적화된 블로그 시스템의 부품이 하나씩 빠져가고 있다. 나만의 루틴을 바꿔야 할 시점이 온 것 건가 싶기도 하다.

맛집 엑셀 파일이 탄생하기까지

〈이스타TV〉는 구독자 65만 이상 되는 축구 유튜브이지만, '음식 월드컵', '면식수행', '짜장투어', '추배달' 등 음식 관련 콘텐츠가 많은 편이다. 축구 외 예능 콘텐츠임에도 음식 콘텐츠는 조회 수가 잘 나오는 편이거니와 아무래도 내 취향이 많이 반영된 것 같다. 내 삶의 몇 안 되는 즐거움이 음식이다 보니 불쑥불쑥 튀어나오곤 한다. 한 음식을 다루다 보면 자연스럽게 관련된 음식과 식당명들이 바로 연상된다. 때마다 이야기하는 편이다. 그러다 보니 내가 언급한 식당 목록이 유튜브 댓글에서, 커뮤니티에서 공유되기도 하고, 심지어는 언급한 맛집 목록과 관련 코멘트를 모아서 정리해 주는 '번개로드(@lightning.road)'라는 팬계정이 생기기도 했다.

나는 보통 사람들보다는 식당 이름을 잘 기억하는 편이다. 원래 기억력이 좋은 편인데, 음식에 관해선 관심도 커서 그런 것 같다. 또한, 아무래도 방송일을 하다 보니 이것저것 다양한 주제에 대한 지식을 알아둘 필요가 있다. 특히, 나의 주된 역할이 MC다 보니 어떨 때는 아는 척 해야 할 때도 있다. 더구나 음식 이야기는 일상 대화에서도 흔하게 이야기하는 좋은 소재이기도 하니 살펴려고 한다. 방송에서 식당에 관해 이야기할 기회가 많아질수록, 식당 이름이 더욱 기억에 오래 남는다. 이전에는 단순히 식당 이름만 기억했다면, 이후에는 '방송에서 언급한' 식당으로 머리에 더욱 각인된다.

가고 싶은 식당이 있으면 가보는 편이다. "가볼 만하겠는데?"라고 생각이 들면 일단 간다. 직접 가본 식당들은 비교적 오래 기억에 남는다. 맛있으면 "여기는 누구랑 와봐야지"라는, 맛없으면 "다음엔 안 와야지"라는 생각으로 뻗친다. 사진으로만 판단하는 건 언제나 한계가 있다. 빠르게 판단할 수 있지만 빠르게 휘발되기도 한다. 설령, 식당에 방문하지 못하는 상황이라면, 다른 방법을 통해 기억에 남기려 노력한다. 가보고 싶은 식당 근처를 업무차 방문하게 되면 멀리서라도 식당을 구경한다. 구경한 다음에 "예쁘게는 생겼네"라는 감상이 기억에 남게 된다. 식당을 이용하는 여정 전체가 내겐 즐거움이기 때문에 이런 행동이라도 하면 머리에 비교적 오래 기억 남게 된다.

일주일에 한 번씩, 주로 주간 일정을 정리하는 주말에 식당 방문 후기를 엑셀로 정리한다. 음식 종류별로 '한식', '평양냉면', '돼지고기', '소고기', '일식', '중식', '양식(+파인다이닝)', '기타' 시트를 나눠놨다. 각 시트에는 '점포명', '소분류', '특징', '추천 메뉴', '평가', '방문 회차', '만족도' 등 기본 항목으로 구성되어 있다. 평가를 작성할 때는 식사 당시의 경험을 생각하며 '맛있다', '이런 맛이 있었다', '이것 때문에 별로' 등의 단순한 문구를 적는다. 만약 맛이 급격하게 변한 식당이 있으면 '방문 의사 X'라고 표시하거나, 해당 항목을 취소선으로 그어 놓는다. 맛과 더불어 식당 이용

여정 전체가 불만족스러울 경우 아예 지워놓기도 한다. 가끔 식당 후기를 즉각 엑셀로 정리하는 것이 어려울 정도로 바쁠 때가 있다. 그럴 때는 메모장이나 카카오톡의 '나만의 채팅'에 식당의 분류와 특징을 간단히 기록해두고, 여유가 생길 때 엑셀로 옮긴다. 이러한 방식으로 어릴 적부터 이어왔으니, 지금은 비교적 데이터가 꽤 쌓인 편이다. 약 300개 이상의 식당이 정리되어 있다.

어쩌면 나의 방식은 아날로그스러운 감이 없지 않아 있다. 스마트폰은 주로 전화나 카카오톡, 유튜브 스튜디오 통계를 확인하는 용도로 쓴다. 그외에는 음악 앱 정도만 쓰는 편이다. 식당 이용과 관련해 스마트폰을 능숙하게 이용하는 것도 아니다. 비교적 최근에서야 식당 예약과 주차 앱이 있다는 것을 알게 됐다. 한 번은 식당에 전화로 예약했더니 홀 매니저가 "오랜만에 전화 예약을 받아본다"라고 했다. 웃픈 경험이었다. 또한, 지도 앱에 원하는 장소를 저장해 즐겨찾기 목록을 만들 수 있다는 사실도 최근에 알게 됐다. 근처를 방문하게 될 경우, 즐겨찾기 목록에 있는 장소를 한꺼번에 방문하면 상당히 편리할 것이다. 하지만 이상하게도 나는 스마트폰을 그리 능숙하게 활용하지 못하는 것 같다. 아마 앞으로도 계속 아날로그 방식을 사용하게 될 것 같다.

비록 아날로그스러운 방식이지만, 계속해서 식당에 관한 기록을 지속하고 있다는 사실에 만족감을 느낀다. 일상의 모든 순간을 식도락과 연관시키려 하는 것 같다. 식당을 직접 방문하거나 어려울 때는 구경이라도 하려 한다. 그 경험을 토대로 식당 후기를 정리한다. 또한, 방송에서 식도락에 관해 이야기한다. 어찌 보면 전혀 특별한 게 없는 거라고 생각한다. 다만, 이 과정은 전반적으로 회고의 시간인 것 같다. 식당을 이용한 경험을 다시 생각해 보고 그것을 정리하는 과정은 기억을 오래도록 간직하는 데 크게 도움이 되는 것 같다.

〈이스타TV〉의 유튜브 멤버십과 라이브 댓글에 추천 맛집을 묻는 팬들이 많다. 질문이 들어올 때마다 엑셀을 참조해서 필요에 맞는 맛집을 추천해 주곤 했다. 어떤 이는 나의 엑셀 파일과 엑셀을 어떻게 정리하는지 궁금해하기도 했다. 이 책을 통해 독자들이 내가 어떻게 이 아카이브를 만들었는지 이해하길 바란다. 더 나아가 독자들이 자신만의 맛집 아카이브를 만들어 보면 좋겠다. '번개로드'처럼 나만의 'OO로드'를 만들어 보는 거다. 이 책이 식도락의 즐거움을 알아가는 계기가 되기를 바란다.

금돼지식당
길목
꿉당
나리의 집
남영돈
땅코참숯구이
마부자생삼겹살
몽탄
부암갈비
삼각정
성산왕갈비
크라운돼지

돼지고기

돼지고기 안내

흔히 돼지고기 맛을 좌우하는 3요소가 있다고 한다. '고기', '장비', '굽기'다. 3요소를 모두 갖춘 돼지고기는 맛이 없으려야 없을 수가 없다. 물론, 사람마다 그 수를 달리할 순 있지만, 기본적으로 이 3요소가 깔려있다. 누군가는 '장비'를 '화력'과 '불판'로 세분화해서 4요소로 보는가 하면, '누가 계산을 하는가?'를 요소에 추가하는 이도 있다. 언뜻 생각하면 일견 틀린 말은 아니라 추가해도 무리는 없을 듯하다. 이렇듯 자신에 맞춰 만들면 그만이다. 이 책에서는 기본적인 3요소를 중심으로 돼지고기를 다뤘다.

기본 재료인 고기가 좋아야 한다는 것은 말해 무엇하랴. 다만, 부위, 보관방식에 따라 나눠 살펴볼 수 있다.

보통 구위로 먹는 돼지고기 부위는 크게 삼겹살, 목살, 갈비, 특수부위다.

삼겹살은 우리나라에서 특히 많이 소비되는 부위다. 한국은 세계 삼겹살의 20% 정도를 소비한다. 인구 대비 엄청난 양이다. 외국은 베이컨 정도로밖에 소비하지 않는 데 반해 한국에선 주식에 가깝다. 요즘엔 기본 정형에서 벗어나려는 다양한 시도가 이뤄지고 있다.

목살은 요즘 가장 인기 있는 부위다. 삼겹살만 먹던 사람들이 돼지고기 잘 굽는 데서, 특히 잘 구운 목살을 먹고 나면 목살만 먹으러 다닌다고 할 정도다. 특히, 정육, 숙성 기술이 좋아지면서 퍽퍽하게만 느껴졌던 이전의 목살과는 전혀 다른 맛을 내고 있다.

갈비는 맛있는 이유가 갈비뼈의 골집이 고기에 베기 때문이다. 갈비뼈에 전지, 목살 같은 부위를 식용접착제로 발라붙인 돼지갈비가 아닌 제대로 된 생돼지갈비를 맛보면 그 씹는 질감과 기름진 맛을 잊지 못한다.

특수부위는 항정살, 갈매기살, 가브리살, 모소리살 등 전문화된 정육 기술이 접목되면서 취급되기 시작했다. 예전만 해도 기술자들이나 알고 먹었는데, 세상이 변해서 구이집의 번듯한 메뉴가 됐다.

또한, 보관방식에 따라 냉동육, 냉장-생육, 숙성육으로 나눠볼 수 있다. 냉장 시스템의 발전에 따라 기호가 변해왔다. 냉동육을 파는 게 대부분일 때가 있었다. 냉장 시스템이 온전치 않으니 상하지 않도록 얼려둔 것이다. 그러다 기술의 발전으로 냉장-생육을 먹을 수 있게 됐다. 위생이 보장된 냉장 시스템이 갖춰지면서 숙성육이 대세가 됐다. 그러다 뉴트로 열풍과 함께 냉동삼겹살이 다시금 돌아왔다. 패션이 돌고 돈다고 하는데, 음식이야 별수 있을까. 다만, 달라진 게 있다면 이전엔 불가피하게 냉동했다면, 지금은 일부러 냉동한다. 냉삼은 삼겹살에 속한다기보다 특수부위처럼 별미로 소비되는 것 같다.

좋은 장비는 센 불로 돼지고기를 구워내기 위한 요소다. 식당마다 가스, 짚불, 연탄, 숯, 비장탄 등 불을 다양하게 사용한다. 또한, 저마다 맞는 돌판, 가마솥판, 주물판, 무쇠판, 석쇠 등의 불판을 사용한다. 강한 불로 겉만 익혀내야 육즙 가득한 부드러운 고기 맛을 낼 수 있다.

굽기는 나의 경우에는 정확히는 누가 굽느냐다. 진짜 잘 굽는 사람이 구우면 고기의 맛이 아예 달라진다. 최현석 셰프가 "요리사는 만들어지지만, 로티세르(고기를 다루는 사람)는 하늘에서 내린다"라고 말할 정도다. 이전에는 돼지고기는 자주 뒤집으면 안 된다는 말을 많이 했다. 요즘에야 요리과학이 발전해 그런 말이 쏙 들어갔다. 좋은 장비와 연관돼 돼지고기 맛집 대부분 강한 불을 쓰는 곳이 많기에 자주 뒤집어줘야 한다. 50번 이상 뒤집는 곳도 있다. 이전엔 1번만 뒤집는 게 좋다는 게 대세였다면 지금은 육즙을 살리기 위해 50번을 뒤집어도 상관없다는 걸로 인식이 바뀌었다.

식당 분류

고기
부위별

삼겹살　마부자생삼겹살, 금돼지식당, 크라운돼지, 나리의 집
목살　　땅코참숯구이, 꿉당, 길목
갈비　　부암갈비, 성산왕갈비
특수부위　삼각정, 남영돈, 몽탄

고기
보관방식

냉동육　　나리의 집
냉장·생육　마부자생삼겹살, 길목, 부암갈비, 성산왕갈비, 삼각정
숙성육　　크라운돼지, 금돼지식당, 땅꼬참숯구이, 꿉당, 남영돈, 몽탄

좋은 장비

가스　마부자생삼겹살, 크라운돼지, 나리의 집, 성산왕갈비, 몽탄
연탄　금돼지식당, 삼각정
숯　　땅꼬참숯구이, 꿉당, 길목, 부암갈비, 남영돈, 크라운돼지(초벌), 몽탄(초벌)

굽기

구워줌　마부자생삼겹살, 금돼지식당, 크라운돼지, 땅꼬참숯구이, 꿉당, 길목, 부암갈비, 성산왕갈비, 남영돈, 몽탄
안 구워줌　삼각정, 나리의 집

번개로드 ◆

돼지고기 ❶

금돼지식당

"파-간장 소스와 연탄구이의 조화,
칼솟타다 같은 파구이도 함께 먹자"

번개맨 한줄평

점포명	금돼지식당
주소	서울특별시 중구 다산로 149 약수역 부근
영업시간	평일 12:00 - 01:00 주말은 24:00까지 breaktime: 평일 없음, 주말 15:00 - 16:00
주요 메뉴 및 가격	본삼겹(19,000원, 150g), 눈꽃목살(18,000원, 150g), 등목살(21,000원, 150g), 껍데기(14,000원), 통돼지 김치찌개(8,000원), 금돼지하이볼(8,000원), 바질쌈(5,000원)
번개맨의 추천 메뉴	본삼겹(19,000원, 150g), 눈꽃목살(18,000원, 150g), 통돼지 김치찌개(8,000원), 금돼지하이볼(8,000원)
1인당 가격	30,000원 ~ 40,000원
방문 계획 세우기	보통 오후 7시에 붐빔 오후6:30~오후8:00 최대 1시간 대기

'금돼지식당'은 돼지고기 맛집이 우후죽순으로 생기게 된 시작점인 식당이다. 2015년 개점 이후 돼지고기 맛집 트렌드를 이끌었다. '금돼지식당' 개업 초창기에는 지금과 같은 여러 스타일의 돼지고기 맛집이 별로 없었다. 지금은 돌판삼겹살, 냉동삼겹살, 제주 흑돼지 근고기 등 그들만의 시그니처를 가진 고깃집들이 여럿 생겼다.

'금돼지식당'의 포인트는 두 가지다. 첫 번째는 연탄구이다. 요즘에 연탄구이를 하는 데가 별로 없다. 특히 '금돼지식당'처럼 본격적으로 연탄불을 써서 유명해진 식당은 없었다. 연탄을 쓰면 당연히 따라오게 되는 연탄구이의 감정도 잘 녹여냈다. 이곳은 연탄구이집 특유의 불판을 쓴다. 삼겹살 비계로 불판을 꼼꼼히 칠하면서 번들번들하게 조리한다. 두 번째는 파가 들어간 간장소스다. 파를 왕창 집어넣는 간장소스인데, 돼지고기의 느끼함을 잡아준다.

금돼지식당

'금돼지식당'에서는 본삼겹과 눈꽃목살, 등목살, 껍데기를 구이용 부위로 취급한다. 그중에 본삼겹과 눈꽃목살을 추천한다. 본삼겹은 뼈가 붙어있는 삼겹살이다. 뼈에 붙어 있는 고기가 맛있다는 데에서 착안한 메뉴라고 한다. 2인분 이상 주문해야 뼈가 붙어 있는 본삼겹으로 제공받을 수 있다. 눈꽃목살은 목살의 마블링이 눈꽃 같아서 착안한 메뉴로, 이를 위해 좋은 정육업체에서 좋은 질의 고기를 떼온다고 한다.

통돼지 김치찌개는 '금돼지식당'의 유일한 사이드 메뉴이다. 김치와 삼겹살을 2시간 동안 푹 고아냈다고 한다. 숟가락으로 고기를 누르면 살이 으스러질 정도로 푹 고아냈다. 큰 고기 덩어리가 숭덩숭덩 들어가 있어 푹 고아낸 돼지 김치찌개의 풍미를 한가득 느낄 수 있다. '금돼지식당'의 돼지 김치찌개는 여러 대기업과 협업 제품을 출시하기도 했다. 〈이스타TV〉에서도 '금돼지식당'과 농심이 협업해서 출시한 '돼지김치찌개면'을 리뷰하기도 했다.

'금돼지식당'은 종업원이 고기를 굽는 것을 하나부터 열까지 다 해준다. 직원 수가 많고, 대응이 빠르다. 단계별 설명도 일일이 다 해준다. 본삼겹은 삼겹과 뼈를 분리해서 구워준다. 뼈에 붙은 살까지 발라준다. 이 늑간살은 꼼장어와 비슷하게 탱글탱글한 식감이다. 고기 크기도 물으며 다 잘라 준다. 소금도 특별하다. 말돈이라는 영국 황실에서 쓰던 130년 전통의 소금을 쓴다. 소금 결정이 아주 선명하게 보이는데, 이 결정이 깨지면서 고기에 적당히 스며든다. 그래서 짠맛과 쓴맛이 덜 난다.

바질쌈도 추천한다. 바질쌈은 생으로 쌈처럼 먹어도 되고, 돼지기름에 구워서 먹어도 된다. 구울 때 향이 쫙 올라오는데 마치 피자집에 온 것 같은 인상을 준다. 바질쌈은 생각보다 진하지 않

고 은은하다. 처음 바질을 취급했을 때만 하더라도 조리용 큰 바질 밖에 취급할 수 없었다고 한다. '금돼지식당'이 쌈에 맞게 개량했다. 바질은 어느새 '금돼지식당'의 시그니처 메뉴가 됐다. 이를 응용해서 탄생한 것이 금돼지하이볼이다. 금돼지하이볼은 바질과 감주, 그리고 사이다를 섞어서 만든다. 마치 모히토 같다. '금돼지식당'은 인테리어로도 눈길을 사로잡는다. 총 3층으로 구성된 건물 전체가 하얀 작은 타일이 붙어 있어 흡사 화장실 혹은 욕실 같은 느낌을 준다. 건물 안쪽으로 들어가면 옛 연탄구이 대포집을 연상시킨다. 또한, 2층에는 일본식 철판구이 바처럼 구성되어 있다. 3층은 테라스가 마련되어 있다. 3층의 테라스 자리를 추천한다. 대단한 야경은 아니지만 테라스 바깥으로 보이는 도시 전경이 운치 있다. 약수라는 곳이 강남권도 아니고 범 홍대 상권도 아니라 찾아가기 애매한 측면이 있다. 워낙 유명한 곳이라 웨이팅도 길다. 그

렇담 관건은 그런 불편한 점을 감수하고도 '금돼지식당을 찾아갈 만큼의 맛이 있는가?'다. 특색 있는 돼지고기 맛집이 적었던 예전에 비해 많아졌기 때문에 고민이 될 수 있다. 그럼에도 불구하고 웨이팅이 적은 시간대에 간다면 그래도 난 충분히 먹을 만하다고 본다.

길목

돼지고기 ❷

"유명한 투뿔목살 보단 오겹살이
내 입맛에 맞았다. 채소와 궁합 좋다"

번개맨 한줄평

점포명	길목
주소	서울특별시 강남구 영동대로129길 10 청담역 부근
영업시간	매일 12:00 - 22:00 일요일 휴무
주요 메뉴 및 가격	투뿔목살(18,000원, 200g), 특오겹살(18,000원, 200g), 껍살(20,000원, 250g), 모듬야채(9,000원), 표고버섯(6,000원), 오크라구이(6,000원), 고사리구이(3,000원), 가지구이(5,000원), 꽈리고추(3,000원), 참마구이(9,000원), 대파(2,000원), 고수(2,000원), 된장술밥(8,000원), 볶음밥(7,000원), 계란찜(5,000원), 하우스와인(7,000원), 일품진로(35,000원), 떼루아프랑스(59,000원)
번개맨의 추천 메뉴	투뿔목살(18,000원, 200g), 특오겹살(18,000원, 200g), 모듬야채(9,000원)
1인당 가격	30,000원 ~ 40,000원
방문 계획 세우기	보통 오후 7시에 붐빔 최대 45분 대기

삼성동에 위치한 돼지구이 전문점 '길목'은 고기와 술을 즐기는 이들에게 이상적인 곳이다. 이곳은 강남 한복판에 위치하면서도 옛날 대포집 같은 분위기를 낸다. '길목'은 특히 '투뿔목살'로 유명하며, 고기와 함께 즐길 수 있는 야채 메뉴가 다양하다. '길목'을 더욱 특별하게 하는 건 콜키지 프리라는 점이다. 강남 등지에서 회식 장소로 이만한 곳이 없다.

'길목'은 본관과 별관으로 나뉘어 있으며, 두 곳 합쳐 총 20개가 넘는 테이블이 준비되어 있다. 본관은 오후 4시에, 별관은 오후 6시에 각각 오픈한다. 평일에도 6시면 웨이팅이 시작될 정도로 엄청나게 장사가 잘된다. 예약은 따로 받지 않아 들어가는 진입로 인근의 유료 주차장을 이용하면 된다.

'길목'은 당일 들어온 암퇘지 규격돈만을 사용한다. 취급하는 원육은 목살, 오겹살, 껍살 등이다. 특히 목살은 보통 소고기에 붙

이는 '투뿔'이라는 표현이 붙였다. '투뿔목살'은 정육이 다른 건 아니고 품질이 좋은 목살이라고 한다. 특오겹살도 빼놓을 수 없는 별미로, 멜젓소스를 찍어 먹으면 돼지비계의 고소한 풍미를 즐길 수 있다. 기름이 적은 순서로 목살, 삼겹살, 껍살 순으로 먹는 게 좋다. 신선육의 쫄깃한 식감을 즐길 수 있다. 요즘 유행하고 있는 숙성육이 아니라 야들야들하고 풍미 가득한 고기를 선호하는 사람들에게는 약간 호불호가 있을 수 있다.

야채 메뉴는 꽈리고추, 표고버섯, 대파, 오크라, 고사리, 가지, 참마 등 다양하게 구성되어 있다. 소고기 스테이크에 나오는 가니쉬처럼 야채 종류를 늘려왔다고 한다. 모듬야채는 대파, 꽈리고추, 표고버섯에 고추기름과 소금으로 간을 해서 내어진다. 야채구이는 돼지구이의 느끼함을 잡아주는 역할을 한다.

길목은 숯으로 참숯과 대나무숯 두 종류를 섞어 사용한다. 불

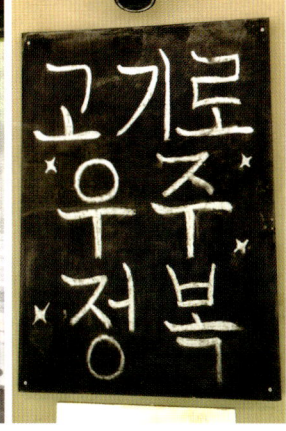

판은 원형의 홈 석쇠를 사용한다. 숯의 훈연 향에 야채 구이의 향까지 고기에 배면 맛이 훨씬 더 풍성해진다. 정말 바쁠 때를 제외하곤 전문 서버들이 다 구워준다. 불의 화력, 불판을 고려하면 손님 스스로 굽기는 쉽지 않다. 만일 직접 고기를 굽게 된다면, 화력이 제일 센 정 가운데에서 고기를 굽다가 다 익은 고기를 불판 가장자리로 옮겨두면 타지 않는다.

길목은 콜키지 프리다. 보통의 돼지구이집과는 다르게 기본 주류부터 와인에서부터 고급 주류까지 구성되어 있지만, 자신이 마시고 싶은 주류를 따로 챙겨갈 수 있다. 혹여 술 선물 받은 게 있다거나 다른 주종을 먹고 싶다고 하면 챙겨가면 된다. '길목'이 술 좀 마신다는 이들한테 핫플레이스인 이유다. 시끌벅적한 분위기 속에서 술 한잔하기 좋다.

돼지고기 ❸

꿉당

> "밥과 고기를 같이 먹는 사람이라면 좋은 선택지, 밥맛이 좋다"

번개맨 한줄평

점포명	꿉당
주소	서울특별시 서초구 강남대로 615 1층 신사역 부근
영업시간	평일 15:00 - 22:50 주말은 14:00부터
주요 메뉴 및 가격	KOKUMI목살(19,000원, 180g), 삼겹살(19,000원, 200g), 갈매기살(19,000원, 180g), 가브리살(19,000원, 180g), 꿉살(19,000원, 150g), 강변외할머니 된장찌개(10,000원), KOKUMI쌀밥(3,000원), 트러플 짜파게티(6,000원), 팔도 비빔면(6,000원), 대선/한라산(7,000원)
번개맨의 추천 메뉴	KOKUMI목살(19,000원, 180g), 강변외할머니 된장찌개(10,000원), KOKUMI쌀밥(3,000원), 트러플 짜파게티(6,000원)
1인당 가격	30,000원 ~ 40,000원
방문 계획 세우기	보통 오후 7시에 붐빔 **1시간 이상 대기**

'꿉당'은 좋은 고기, 강렬한 숯불, 고기 굽는 기술까지 돼지구이 맛을 위한 3박자 모두를 갖춘 식당이다. 밥과 반찬 그리고 찌개, 심지어 사이드 메뉴까지 애매한 것이 없다. '꿉당'은 유명 블로거 레드피쉬가 유명한 돼지구이집 '땅꼬참숯구이'에서 5년 동안 수련한 끝에 오픈한 식당이다.

1호점은 신사역 5번 출구 바로 앞에 위치해있다. 2호점은 성수, 3호점은 잠실 방이에 있다. 퇴근 시간이면 웨이팅이 엄청나다. 맛과 식당 위치를 생각하면 저렴한 편이다. 2022년, 2023년 2년 연속 미쉐린 빕 구르망에 선정됐다.

'꿉당'은 목살을 비롯해 삼겹살, 갈매기살, 가브리살 등의 좋은 원육을 취급한다. 이 중 대표 메뉴는 'KOKUMI 목살'이다. 'KOKUMI'는 일본어로 풍부한 맛을 뜻한다. 15일 동안 숙성시켜 목살의 감칠맛을 끌어올린다. 목살을 메인으로 밀고 있지만, 삼겹

살도 그에 못지않게 맛있다. 부위별 차이가 유의미하지 않으므로 평소 선호하는 부위를 먹으면 된다. 자신이 삼겹살을 좋아하면 삼겹살, 목살을 좋아하면 목살을 선택하면 된다. 처음에는 소금 뿌려 고기 본연의 풍미를 맛보고, 이후 고추냉이를 곁들이면 좋다.

'꿉당'에서는 마장동 거래처의 고기를 구매 전에 직접 구워 먹어 보고 구매를 결정한다고 한다. 만일 납품 받은 고기가 기대치에 못 미친다면 더 나은 고기를 요청한다. 또한, 특별한 숙성 방법을 적용해 고기의 부위에 따라 숙성 기간을 달리한다. 냉장고 내의 위치에 따라 온도가 2~3도 차이나기 때문에 고기의 위치를 수시로 바꿔주며 숙성시킨다.

고기 굽기에는 비장탄을 사용한다. 센불로 구워내야 고기의 육즙을 잡아낼 수 있기 때문이다. 불판 역시 센 불에 맞춰 특별 주문했다. 일반 불판은 너무 빨리 달아올라 제대로 고기 맛을 내기 어렵다. 신당동에 있는 가게에 반직화 알루미늄 판을 특별 주문했다. 두껍고 무거운 불판에 '꿉당' 각인이 새겨져 있다.

같은 고기도 굽는 사람에 따라 고기 맛의 천지차별로 차이가 난다. 강한 불에 자주 뒤집어주는 요령이 필요하다. '꿉당'은 고기 맛을 최대한 살리기 위해 종업원들에게 훈련을 실시한다. 종업원들은 서빙부터 시작해 식당 운영을 익히고, 그 이후에 고기 굽는 훈련을 받게 된다. 종업원들은 훈련용 고기가 아닌 매장에서 판매되는 고급 고기를 그대로 사용한다. 실전과 같은 훈련을 거쳐야 제대로 된 퍼포먼스를 낼 수 있기 때문이다.

밥과, 반찬, 사이드 메뉴에 이르기까지 세심하게 챙긴다. 특히, 식사의 마무리를 장식하는 공깃밥은 일반적인 쌀밥이 아니다. 경남 진주산 쌀을 사용하여 6~7회 씻고, 40분 말려, 찬물로 80분 정도 불린 후 일식 다시 물로 짓는 'KOKUMI 쌀밥'이다. 일식 셰프의 컨설팅을 받았다. 마치 초밥처럼 밥 한술 위에 돼지고기 올린 후 고추냉이를 곁들이는 게 '꿉당'의 시그니처다. 고기 맛은 다른 고기집들과 어느 정도 비교할 수 있을지 몰라도 이 쌀밥만큼은 비교 대상이 없다. 가격 3,000원이라는 가격이 전혀 아깝지 않을 정도다.

강변외할머니 된장찌개는 고기, 두부, 버섯 등 재료가 푸짐하게 들어가 있다. 가격은 10,000원으로 다소 비싸다고 생각할 수 있지만, 그 맛을 느껴보면 충분히 시킬 가치가 있다고 느낀다. 여느

김치찌개와 비교해도 꿀리지 않을 정도로 큰 돼지고기 덩어리가 한가득 들어있다. 또한, '꿉당'에서는 식사로 흔한 물냉면이나 국수가 아닌 짜파게티와 팔도비빔면을 낸다. 특히, 트러플 짜파게티는 술안주로 좋다. 김치 역시 고들빼기, 갓김치 등 다양하게 제공된다. '꿉당'의 메뉴 하나하나 섬세한 손길이 묻어난다. 이는 '꿉당'이 다른 고기구이 집과 차별화되는 이유다.

번개로드 ◆

돼지고기 ❹

나리의 집

"얇게 썬 냉삼과 함께 구워 먹는 김치, 그리고 청국장 마무리"

번개맨 한줄평

점포명	나리의 집
주소	서울특별시 용산구 이태원로 245 한강진역 부근
영업시간	매일 14:00 – 24:00 매달 둘째, 넷째 일요일 휴무
주요 메뉴 및 가격	냉동삼겹살(15,000원, 150g), 청국장(7,000원), 된장찌개(7,000원), 순두부찌개(7,000원), 김치섞어찌개(7,000원), 맥주(5,000원), 소주(5,000원)
번개맨의 추천 메뉴	냉동삼겹살(15,000원, 150g), 청국장(7,000원)
1인당 가격	30,000원 ~ 40,000원
방문 계획 세우기	보통 오후 6시부터 붐빔 최대 대기 시간 45분

2, 3년 전부터 레트로 열풍과 함께 냉동삼겹살이 인기를 끌었다. 냉동삼겹살의 유래는 박찬일 셰프가 한국일보에 기고한 〈냉동삼겹살의 부활〉이라는 칼럼이 읽어 볼만하다. 여튼 한때는 새로운 냉삼집이 하루 지나지 않아 생긴다고 해도 과언이 아니었다. 현재는 냉삼 열풍이 조금 식었다. 우후죽순으로 생겨났던 식당들도 많이 정리됐다. 이제는 진짜 실력 있는 곳들만 남았다. 여전히 살아남은 곳들은 냉삼이라고 무시할 수 없는 내공이 있다. 사실 갑자기 뜬 것도 아니고 유행과 관계없이 수십 년 동안 꾸준히 냉삼만 팔아온 곳이 있다. 이제는 노포의 반열에 들어갈 정도인, 냉삼의 성지로 불리는 이태원의 '나리의 집'이다.

신흥강자인 잠수교집처럼 화려한 곳도 있고, 대삼식당처럼 고기의 질이 좋은 곳이 있지만, 그런데도 냉삼이라고 하면 여전히 '나리의 집'이 가장 먼저 떠오른다. 요새는 돼지고기의 품질이 대체로 좋아져서 어딜 가나 크게 실패하는 경우가 별로 없다. 냉삼도 질 떨어지는 걸 쓰지 않으니까 어디든 맛이 나쁘지 않다. 결국 차이는 반찬에서 나온다. '나리의 집'은 냉삼 자체도 맛있지만, 그보다 더 큰 매력은 밑반찬과 찌개다. 특히, 파무침과 청국장은 독보적이다. 금방 익는 얇은 냉삼에 파무침을 곁들여 한 입 먹고, 청국장을 한 수저 떠먹는 것. 나는 이 맛이 가끔 생각나서 '나리의 집'에 방문하게 된다.

예전에 냉동삼겹살이 대세였던 건, 냉동하지 않으면 안 되는 고기의 질이었기 때문이었다. 오히려 냉장삼겹살을 파는 집이 희

나리의 집

귀했다. 고기에 자신이 있던지 장인의 풍모를 갖추고 있어야 가능한 일이었다. 이렇게 '생'삼겹살이라는 어원이 말해주듯 예전엔 고기 질이 안 좋은 냉삼집이 더 많았다. 하지만 '나리의 집'을 비롯해서 요새 잘 가나는 냉삼집들은 그렇지 않다. 오히려 품질 좋은 고기를 사용한다. 굳이 급속 냉동하고, 얇게 잘라, 펴는 수고로움을 감수한다. 이럴 필요가 있나 싶지만, 이게 차이를 만들어 낸다.

'나리의 집'은 국내산 돼지고기를 사용하고 있다. 품질 좋은 냉장돼지고기를 구매해서 급속 냉동시키는 과정을 거친다. 주문하면 그때야 썰어 낸다. 고기의 질은 거의 편차가 없이 일정하다. 크기와 반듯한 모양마저 일정하다. 얼어도 안 말리는 건 '나리의 집'만의 비법이다. 그러고 보니 냉동삼겹살이 동그랗게 말리지 않고 쫙 펴서 나오는 데, 이렇게 나오는 곳이 그리 많지 않다. 때마다 썰어 내니 특별주문도 가능하다. 냉삼을 길게 썰어달라고 할 수 있다. 고기로 쌈을 싸 먹을 수 있다. 가격은 150g에 15,000원. 냉삼이 여타 삼겹살보다 싸진 않다. 거기에 냉삼은 왠지 모르게 잘 먹혀서 1인당 2, 3인분은 거뜬히 먹게 된다. 결국 돈이 더 드는 느낌이 드는 것도 사실이다.

'나리의 집'은 까만 주문 판에 은박지(알루미늄 호일) 깔고 굽는 옛날 스타일을 유지하고 있다. 가스 불에 달궈진 불판 위에 네모반듯한 냉삼을 처음에는 오와 열 맞춰서 구워준다. 나중에는 테트리스 하듯 올려도 좋다. 고기를 띄엄띄엄 올리지 말고 빈틈없이 빼곡하게 올려줘야 한다. 그래야 육즙이 따로 놀지 않는다. 육즙과 기름으로 고기를 데치는 느낌이다. 속으로 5초를 세면 호일 위에 삼겹살이 서서히 녹기 시작한다. 기호에 맞게 고기 위에 후추를 뿌리기도 한다. 두껍지도, 얇지도 않은 적당한 두께의 냉삼은 빠르게 구워진다. 거의 먹는 속도와 굽는 속도가 같다. 계속 삼겹살을 추

가로 올려줘야 끊기지 않고 먹을 수 있다. 자주 뒤집지 않아도 되고, 자르지 않아도 되는 데다 빠른 속도로 익으니 소주 한잔하는 데 이만한 게 없다. 불판에서 지방이 쪽 빠지는 냉삼은 적당히 익혀 야들야들하게 먹든 바짝 구워 베이컨처럼 먹든 좋다.

'나리의 집'은 반찬으로 파무침, 콩나물, 김치, 오이무침, 계란말이, 감자볶음을 낸다. 대단히 특색 있는 찬들은 아니다. 기본 찬에 해당하지만, 찬 하나하나 꽤 자극적인 편이다. 양념도 세고, 감칠맛도 강하다. 백반집 반찬으로 나왔다면, 어울리지 않았을 정도다. 하지만 기름진 냉삼과는 궁합이 좋다. 냉삼 지방이 녹아내리는 쪽에 파무침, 콩나물, 김치, 마늘을 올려 구워주면 좋다. 특히, 파무침은 '나리의 집' 인기의 1등 공신이다. 파무침은 새콤달콤한 맛으로 중독성있다. 냉삼의 기름진 맛을 파무침이 적당히 잡아준다. 늦

은 밤 취기에 혀의 감각이 무뎌졌을 때 먹기 좋다.

'나리의 집'의 인기는 물론 삼겹살에도 있다. 하지만 결정적으로 그들을 빛나게 하는 것은 찌개류와 밑반찬이라 생각한다. 찌개 메뉴에는 청국장, 된장찌개, 순두부찌개, 김치섞어찌개가 있다. 가장 인기 있는 메뉴는 청국장이다. '나리의 집'의 청국장은 전형적인 청국장과는 조금 다르다. 김치도 들어가고, 냄새는 덜하고, 조금 매콤하다. 쿰쿰한 향은 보통의 청국장보다는 적게 나는 편이다. 고기와 밥과 같이 먹기에는 딱 좋다. 공깃밥에 청국장을 곁들여 비벼 먹으면 그 구수한 풍미가 더욱 돋보인다. 이 구수한 맛이 좋은 청국장에 김치 한 점을 곁들이면 이만한 게 없다.

돼지고기 ❺

남영돈

"웨이팅만 할 수 있다면
확실한 맛 보장 돼지 특수부위"

번개맨 한줄평

점포명	남영돈
주소	서울특별시 용산구 한강대로80길 17 **숙대입구역 부근**
영업시간	평일 16:00 - 22:00 **주말 12:00 - 21:00**
주요 메뉴 및 가격	아삭아삭 항정살(20,000원, 180g), 쫀득쫀득 가브리살(18,000원, 180g), 육즙가득 삼겹살(17,000원, 200g), 탱글탱글 목살(18,000원, 220g), 냉쫄면(7,000원), 계란찜(7,000원), 김치찌개 추가(5,000원)
번개맨의 추천 메뉴	아삭아삭 항정살(20,000원, 180g), 쫀득쫀득 가브리살(18,000원, 180g)
1인당 가격	30,000원 ~ 40,000원
방문 계획 세우기	보통 영업시간 전부 붐빔 **최소 15분 ~ 최대 30분 대기**

용산에 위치한 '남영돈'은 돼지고기 특수부위인 가브리살과 항정살로 유명한 고깃집이다. 양질의 참숯으로 구워낸 가브리살과 항정살에 맛있는 반찬, 식사 메뉴, 서비스 김치찌개까지 한 끼 식사를 즐기기에 부족함이 없다. '남영돈'은 '동네 이름(남영동)을 걸고 장사하는 자신감 넘치는 고깃집'이라는 슬로건을 갖고 있다. 한자로 남영동과 음이 비슷한 한자 '嚂(입에 넣을 남)'과 '盈(찰 영)', 그리고 '豚(돼지 돈)'을 사용했다. '입 안에 가득 찬 돼지고기'라는 뜻이다.

'남영돈'은 1982년부터 40여 년간 운영해 온 화로 구이집이다. 아버지 대부터 30년째 그 자리에서 명맥을 이어오고 있다. '남영돈'의 전신은 '예쁜 돼지'이었고, 그 전신은 '1억 숯불갈비'였다. 2017년부터 '남영돈'으로 새롭게 단장했다. 1934년에 지어진 황토 목조의 적산가옥을 개조해서 사용하고 있다. 용산구 일대에는

일제강점기에 지어진 일본식 주택이나 적산가옥들이 많이 있다. '남영돈' 역시 90여년 된 일본식 가정집을 개조했다. 실내 홀 테이블은 약 15개로 2층에 작은 방이 있다.

'남영돈'의 원육은 일반 고깃집보다는 지방 비율이 높은 편이다. 고기 맛의 핵심이 지방이라고 보기 때문이다. 지방을 잘라내지 않고 덩어리째로 들여와 별도의 손질 과정을 거친다. 기온, 계절에 따라 지방 분포도가 달라지기에 겨울에는 전라도에서, 여름엔 경기도 포천에서 고기를 수급한다. 참숯은 최소 5일 이상 구운 것을 사용한다. 4일 미만 구운 숯은 나무 특유의 냄새가 남아있거나 손에 묻는 검은 재의 농도가 다르기 때문이다. 한 달에 사용하는 숯의 양만해도 1톤이 넘는다.

물이 담긴 큰 토기에 숯을 넣고 그 바로 위에 석쇠를 올린다. 독특하게 고기를 숯에 바로 붙여서 굽는 방식이다. 석쇠는 대개 소고기용으로 많이 쓰기에, 석쇠를 쓰는 돼지구이집은 흔치 않다. 돼지기름이 불에 잘 타서 석쇠 같은 형태는 굽기가 쉽지 않기 때문이다. 야외에서 숯불 피워 삼겹살을 굽다가 낭패를 보는 경우가 이런 이유에서다. 속은 안 익었는데 겉만 탄다. '남영돈'은 고기는 최소 40~50번 이상 뒤집어 주면서 구워준다. 고기의 기름이 숯에 떨어지면서 숯 향을 고기에 그대로 입힌다. '남영돈'만의 고기 굽는 기

술로 자칫 고기를 태울 수 있는 석쇠의 단점을 거꾸로 장점으로 승화시켰다. 고기의 부드러움을 살리고 육즙을 최대한 유지된다. 상당한 고기 굽는 기술이 요구되기에 종업원들에게 별도의 교육을 거친다.

가브리살은 '쫀득쫀득 가브리살'이라는 메뉴 이름처럼 쫄깃한 식감을 자랑한다. 가브리살은 원래 '등심 덧살'이라는 이름으로 불린다. 부위의 특성상 양쪽 지방과 함께 구워야 맛있다. 보통 식당에서는 가브리살의 비계를 잘라낸다. 하지만, '남영돈'에서는 잘라내지 않는다. 지방층을 어떻게 붙이느냐가 맛을 좌우한다. 대신 지방이 많기에 선도에 특히 유의해야 한다. '남영돈'의 인기 덕에 빠른 회전이 자연스럽게 이뤄진다. 기름기 적은 부위부터 구워주기에 보통 가브리살을 먼저 먹고, 그다음에 항정살로 넘어간다. 항정살은 '아삭아삭 항정살'이라는 메뉴 이름처럼 아삭한 식감을 자랑한다. '천겹살'이라고도 불리는 '항정살'은 돼지고기 중 최고가를 자랑하는 부위다. 농후한 기름의 맛과 서걱거리는 식감이 좋다. 살짝 덜 익어도 좋고, 조금 많이 익어도 역시 좋다. 중간중간 신맛 내는 반찬이 있어서 질리지 않고 즐길 수 있다.

서비스로 제공되는 김치찌개는 여느 김치찌개 전문점 이상의 맛을 낸다. 매일 5, 6시간을 끓여 푹 익혀낸다. 큼직한 고기덩어리가 잔뜩 들어있다. 찬도 종류가 많다. 파김치, 백김치, 보쌈김치, 오징어무침, 취나물, 고추장아찌 등을 다양하게 낸다. 계절별로 종류를 달리한다. 소스 역시 다양하다. 한번 구워내 간 신안소금과 고추냉이, 쌈장, 조개젓과 가리비젓을 낸다. 맛있는 고기는 소금만 있어도 되기도 하지만, 곁들인 찬은 고기 맛을 더욱 풍부하게 만들어준다. '남영돈'에서는 테이블에 올라가는 모든 음식을 직접 만든다.

번개로드

돼지고기 ❻

땅코참숯구이

번개맨 한줄평

"잘 구운 목살은
삼겹살을 찾지 않게 한다"

점포명	땅코참숯구이
주소	서울특별시 성동구 행당로17길 26 1층 왕십리역 부근
영업시간	매일 16:00 - 24:00 **Last order 22:45까지**
주요 메뉴 및 가격	목살(19,000원, 200g), 삼겹살(19,000원, 200g), 갈매기살(18,000원, 160g), 전투라면(6,000원), 된장찌개(6,000원), 버섯 추가(2,000원), 한라산(6,000원), 소주(5,000원) 등
번개맨의 추천 메뉴	목살(19,000원, 200g), 갈매기살(18,000원, 160g), 전투라면(6,000원)
1인당 가격	20,000원 ~ 30,000원
방문 계획 세우기	보통 저녁 7시에 붐빔 **최대 45분 대기**

보통 목살은 야외에서 바베큐로 먹는다. 삼겹살보단 기름이 적어 숯불에 굽기 용이하기 때문이다. 더불어 화력이 센 숯불에 구워야 육즙이 산다. 그러나 집에서 먹을 땐 왠지 그 맛이 안 난다. 식당에서도 목살이 삼겹살만큼 맛있진 않다. 그러나 '땅코참숯구이'의 목살은 다르다. 목살이 삼겹살보다 맛있다는 걸 느낄 수 있다.

'땅코참숯구이'는 충청도 청정지역에서 도축되는 100% 국내산 암퇘지만을 고집한다. 또한, 새끼를 낳지 않은 처녀 암퇘지만을 사용한다고 한다. 사장님은 오랫동안 마장동에서 중매인으로 일하셨다고 한다.

또한 이곳은 불판을 특수 제작했다. 좋은 숯과 화력이 강한 불을 사용하기에 일반 석쇠는 쓰지 못하기 때문이다. 물결 무늬 불판은 강한 불을 써야 육즙을 보호할 수 있다는 게 사장님의 철학으로

만들어졌다. 보통 돼지구이집들이 한 번만 뒤집는 거에 반해 '땅코참숯구이'는 자주자주 뒤집는다. 강한 불에 겉만 익혀 육즙이 빠져나오지 않게 보호하기 위함이다.

고기를 구워주는 서버분들 모두 숙련된 실력을 보여준다. 센 불에 고기를 계속해서 뒤집는 방식 고도의 숙련도를 요구한다. 약한 불로 고기를 구우면 육즙이 빠져나가 마르게 된다. 센 불로 구워야 육즙을 보호할 수 있다. 센 불에 잘못하면 타버릴 수가 있기 때문에 자주 뒤집어줘야 한다. 이를 위해 훈련을 거친다. 고기를 완벽하게 익히는 노하우를 익힌다. 훈련엔 수입산 돼지고기를 사용한다. 훈련은 사장님의 인정을 받을 때까지 이어진다. 대표적으로 '꿈당'의 대표는 오랜 기간 '땅코참숯구이'에서 실장으로 일하면서 고기 굽는 노하우를 수련받았다고 한다.

'땅코참숯구이'는 갈매기살 본연의 맛을 느낄 수 있는 곳이기

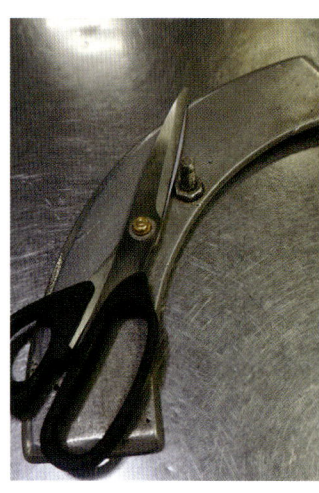

도 하다. 보통 갈매기살은 잘라 양념한 후에 내어주는 데 반해 이곳의 갈매기살은 길게 통으로 나온다. 갈매기살은 횡격막으로, 소고기로 치면 안창살과 비슷한 부위로 육향이 가장 많이 나는 곳이다. 제대로 된 갈매기살을 먹으면 돼지고기의 진한 육향이 확실히 느낄 수 있다. 갈매기살은 바짝 익히면 맛이 없어지므로 약간 살짝 덜 익혀 먹어야 최고의 맛을 느낄 수 있다.

목살이나 삼겹살에 비해 갈매기살은 특유의 맛과 향으로 호불호가 갈리는 부위이다. 무난하게 식사로 먹는다면 목살, 삼겹살을 먹고, 그래도 여럿이서 함께 술안주로 즐긴다면 갈매기살도 매력적인 선택이 될 수 있다.

전투라면은 반합에 나오는 라면으로, 가격은 5,000원이지만 양은 꽤 풍성하다. 홍합과 오징어가 적당히 들어가 있고, 콩나물도

풍부하게 들어있다. 약간 매콤한 편이다. 해물의 시원함과 매콤함이 돼지고기의 느끼함을 깔끔하게 잡아준다.

번개로드 ◆

돼지고기 ❼

마부자생삼겹살

"어쩌다 보니 홍보대사가 된 것 같지만
우리가 홍보 안 해도 줄 서는 곳"

번개맨 한줄평

점포명	마부자생삼겹살
주소	서울특별시 강서구 마곡중앙5로 6 1층 121호 **마곡나루역 부근**
영업시간	매일 11:00 - 24:00 주인 마치고 싶은 시간
주요 메뉴 및 가격	생삼겹살(15,000원, 180g), 목살(15,000원, 180g), 물냉면(6,000원), 볶음밥(3,000원), 공기밥(1,000원), 된장찌개(1,000원), 김치찌개(9,000원, 점심특선), 소주(5,000원), 맥주(5,000원) 등
번개맨의 추천 메뉴	생삼겹살(15,000원, 180g), 볶음밥(3,000원), 소주(5,000원)
1인당 가격	20,000원 ~ 30,000원
방문 계획 세우기	보통 저녁식사 시간에 붐빔 대기 시간은 15분

"왜 저렇게 인기가 많을까?"

처음 '마부자생삼겹살'을 접했을 때의 첫 감상이다. 프랜차이즈가 즐비한 이곳, 마곡나루에서 유일하게 줄을 서는 곳. 대기는 기본이고, 대기 장소까지 따로 마련되어 있을 정도다. 퇴근 시간 무렵부터 인산인해를 이룬다. 저녁만 되면 시끌벅적하다. 방송에서 '마부자생삼겹살'에 대한 언급을 많이 해 어쩌다보니 홍보대사가 된 것 같기도 하다. 실제로 회식 장소로 자주 오기도 했다. 일반적인 삼겹살집 일터인데, 어떤 이유로 이렇게 인기가 많은 걸까? 궁금증을 품고 살펴봤다.

'마부자생삼겹살'이 맛있는 이유는 세 가지로 꼽을 수 있다.

첫 번째, 김치가 진짜 맛있다. 삼겹살, 아니 고기는 기본적으로 소금에 찍어 먹어야 한다는 주의다. 소금에 찍어 먹으면 고기 본연의 맛이 나오기 때문에. 근데, '마부자생삼겹살'의 기본 상차림에는 소금이 빠져있다. 양념장으로는 쌈장과 콩가루만 제공된다. 나는 평소 내가 먹는 대로 종업원에게 소금을 요청하니, 종업원분이 "소금이요?"라고 물은 뒤 약간 탐탁지 않은 듯이 줬다. 그래서 종업원에게 소금을 왜 기본으로 주지 않는지를 물었더니, 그는 "소금은 요청하면 주긴 하지만 김치에 소금까지 더해지면 간이 세지기 때문에 추천하지 않는다"고 말했다. 더불어 "김치 맛에 자부심이 있기에 김치에 싸서 먹을 것"을 추천했다.

'마부자생삼겹살'은 태백 고냉지 묵은지를 사용한다. 사장님은 매장 운영은 직원분들에게 맡길 정도로, 김치 개발에 힘을 쏟고

있다고 한다. 마곡 본점 지하에 저장창고를 따로 마련해 두고, 또 다른 지역에 추가 저장창고를 생산하기 위해 찾고 있다고 한다. 또한, 김치는 전부 마곡 본점에서 생산해 1호점인 합정점에도 납품하고 있으며, 추후 개점할 2호, 3호점에도 같은 방식으로 납품하기 위한 준비를 하고 있다고 한다. 이 정도니, 김치 맛으로 승부를 보겠다는 것이 어느 정도 이해가 됐다. 한번은 "여기 김치는 안 팔아요?"라고 물어보기까지 했다. 따로 판매는 하지 않는다고 한다. '마부자생삼겹살'은 김치에 구워 먹는 돌판 삼겹살인데, 고깃집에 김치가 맛있다는 건 큰 메리트이다.

두 번째, '마부자생삼겹살'만의 레시피가 있다. 일반적으로 콩가루는 껍데기집에서 제공된다. 하지만 이곳은 기본 찬에 콩가루가 제공된다. 종업원은 고기가 구워지면 "익은 김치 위에 콩가루를 묻힌 고기와 파를 올려 먹으라"며 레시피를 알려주고, 그에 따라 앞접시에 세팅까지 다 해준다. 소주 한 잔 마시고, 종업원이 집도해준 쌈을 먹었는데, '마부자생삼겹살'의 맛은 이거에 있다 싶었다. 고기, 콩가루, 김치, 파가 조합이 오묘하게 딱 들어갔을 때 "어?!"한다. 시큼한 김치 맛에 눈이 찡그릴 때쯤 콩가루가 퍼지면서 중화시킨다.

이 레시피는 사장님이 개발했다고 하며, 콩가루는 껍데기집에서 콩가루를 찍어 먹는 것에서 착안했다고 한다. 파채와 콩나물 무침의 양념은 사장님이 개발한 것이다. 여타 식장들이 파채와 콩나물 등의 밑반찬을 미리 만들어 두고 알아서 퍼가게 하는 것과는 달리 이곳에서는 신선한 맛을 위해 주문이 들어올 때마다 따로 무쳐준다고 한다. 그래서 물기가 없다. 내 취향의 고기 맛에는 딱 들어

가 있진 않지만, 이 레시피대로 먹었을 때 맛없다고 할 사람은 없을 것 같다. 특히 젊은 층이 좋아할 맛이다. 나는 내 버릇대로 삼겹살은 소금에 찍어 먹어야 하니까 맨날 소금에만 찍어 먹다가 이 맛을 뒤늦게 느꼈다.

세 번째 포인트는 '마부자생삼겹살'은 종업원이 고기를 다 구워준다는 것이다. 책에서 소개된 식당들은 대부분 고기를 구워주지만, 생각보다 서버가 없는 삼겹살집이 많다. 보통 1명의 종업원이 3~4개의 테이블을 담당한다. 인파가 몰릴 때는 스무 명 넘는 종업원이 한꺼번에 일할 때도 있다고 한다. 이 정도 가격에 이곳은 고기에서부터 볶음밥까지 전부 도와준다. 이러면 정말 편하다. 대화에 집중할 수 있고, 술 마시기도 좋다. 대단히 비싸진 않지만, 이 정도면 올 만하다.

'마부자생삼겹살' 정도 줄 서 있는 식당이 있으면, "나중에 한 번 먹어 봐야겠다"는 생각을 안 할 수가 없다. 식당이 위치한 마곡은 분위기상 젊은 사람들이 많은 편인데, 이건 범 홍대 내지는 강남, 건대 정도의 번화가에서 볼 수 있을 정도의 그림이다. 이 정도면 선순환이 만들어진다. 주변에 삼겹살집이 제법 많다. 근데 어쨌든 이 동네의 핫플레이스는 '마부자생삼겹살'이다. 방향성을 잘 잡았다고 생각한다.

'주식회사 랩추종윤'이 마곡나루에 자리 잡아 사세를 점차 확장한 것처럼 '마부자생삼겹살'도 작은 점포에서 시작해 지금은 오피스텔 세, 네 구역을 한꺼번에 쓰고 있다. 지금 제일 큰 매장이 제일 마지막에 확장한 곳이다. 그곳에 들어서면 마치 '마부자 골목'에 온 것 같은 인상을 받는다. 1호점은 지금의 자리가 아닌 근처 부동산이 있던 자리에서 시작했다고 한다. 재미있는 것은 '마부자'

라는 이름의 유래가 여기에 있다. 그 부동산의 이름이 '마부자부동산'이었다고 한다. 사장님이 식당 이름을 무엇으로 할지 고민하고 있던 차에 마부자라는 이름을 그대로 사용해도 괜찮을 것 같다고 생각해 '마부자생삼겹살'이라는 이름이 지어졌다고 한다. '마부자'라는 이름 때문에 누군가는 이 식당을 마 씨 성을 가진 부자(父子)가 운영하는 곳이냐고 묻기도 하고, 또 누군가는 '마곡에서 부자 되자'의 줄임말로 알고 있는 사람도 있다고 한다. 종업원들끼리도 이름의 유래를 가지고 설왕설래가 많은 상황. 유래가 어찌 됐든 '마부자'라는 이름이 브랜드로 각인되는 데는 성공한 거 아닐까?

식당에서 구워주는 고기는 왜 맛있을까?

"요리사는 만들어지지만 로티세르(고기를 다루는 사람)는 하늘에서 내린다"

과거 최현석 셰프가 한 방송에서 한 말이다. 요리사들 사이에서도 고기 굽는 그릴 파트는 신이 내린다고 얘기한다. 요즘에야 요리 과학이 발전해 고기에 온도계를 찔러 '템퍼(고기의 익힘 정도를 총체적으로 말할 때 사용하는 단어로 웰던, 미디엄, 미디엄 레어, 레어로 나뉨.)'를 조절하는 등 몇몇 요소가 나름대로 보완이 되긴 했지만, 최상위권 레스토랑에서 일하는 셰프들이 보여주는 그릴 다루는 솜씨는 타고 나야 한다고 한다. 축구계에서 흔한 말로 스트라이커 DNA가 있다고 한다고 하는 것처럼 고기 굽기도 비슷한 것 같다. 진짜 잘 굽는 사람이 구우면 고기의 맛이 아예 달라진다. 그래서 이전에 삼겹살만 먹던 사람들이 잘 굽는 데서 돼지고기, 특히 잘 구운 목살을 먹고 나면 목살만 먹으러 다닌다고 한다.

'고기 굽기'에 대해 떠오르는 사람이 있다. 유명 미식 블로거이자 R고기 대표이기도 한 레이니다. 레이니는 과거부터 아무리 고기가 좋아도 불 조절이 잘 돼야 한다며, '스모킹 포인트(가열된 기름이 연기를 내고 불쾌한 냄새를 내면서 음식의 맛을 변하게 하는 단계. 기름의 타는 점이 높을수록 튀기는 데 적합.)'를 자주 언급하곤 했다. 불이 센 것만 중요한 게 아니라 조절이 잘 돼야 한다. 본인의 레스토랑인 R고기에도 그의 철학이 스며들어 있었다. R고기에서 레이니의 서버를 직접 받아본 경험이 있다. 후드(직화기)를 화로로 갖다 대 불을 살린 후 고기를 구웠다. 이게 본인 나름의 '스모킹 포인트'라고 했다. 고기 질이 일정하다는 전제 아래 서버 실력이 진짜 제일 중요하다는 걸 느낀다.

돼지고기 ❽

몽탄

번개맨 한줄평

"삼각지 쪽에 짚불 구이로 유명해진 몽탄"

점포명	몽탄
주소	서울특별시 용산구 백범로99길 50 삼각지역 부근
영업시간	매일 12:00 - 21:00
주요 메뉴 및 가격	우대갈비(32,000원, 280g), 짚불항정살(17,000원, 150g), 된장찌개(8,000원), 순두부 황태찌개(8,000원), 몽탄 냉면(8,000원), 몽탄 비빔냉면(8,000원), 몽탄 온반(10,000원), 양파볶음밥(5,000원), 프리미엄 위스키 하이볼(10,000원), 경주법주 초특선(90,000원), 코르크 차지(와인:20,000원, 위스키:30,000원)
번개맨의 추천 메뉴	우대갈비(32,000원, 280g), 짚불항정살(17,000원, 150g), 된장찌개(8,000원), 양파볶음밥(5,000원)
1인당 가격	40,000원 ~ 50,000원
방문 계획 세우기	보통 영업시간 전부 붐빔 최소 1시간 ~ 최대 3시간 대기

삼각지에 위치한 고깃집 '몽탄'은 그 이름에서 알 수 있듯이 전라남도 무안군 몽탄면의 짚불 구이에서 영감을 받아 만들어진 고깃집이다. 몽탄면에서는 숭어를 짚불에 구워 먹는 문화가 있고, 몽탄은 이를 소고기에 접목해 우대갈비라는 특별한 메뉴를 만들어 내며 가장 주목받는 고깃집이 됐다. 고기 맛뿐만 아니라 인테리어, 메뉴 구성, 서비스 방식에 이르기까지 몽탄은 요즘 뉴트로 감성에 가장 걸맞은 식당으로 자리매김했다. 몽탄은 오픈한 지 5년이 된 지금에도 누구나 가고 싶어 하는 곳이자 최소 한 시간은 줄을 서야 하는 웨이팅 맛집이기도 하다.

몽탄은 외관에서부터 독특함을 자아낸다. 마치 1900년대 경성의 건물을 보는 듯한 느낌을 주는데, 실제 1910년대 일제강점기 때 만들어진 100년이 넘은 2층짜리 적산가옥을 빌려 외관을 부수지 않고 그대로 살린 후 내부만 소방법에 맞춰 고쳐 고깃집으로 탈

바꿈했다. 매장 규모는 약 80평으로, 좌석은 100석 정도다. 1층 출입문을 들어서자마자 거대한 그릴 스테이션이 보이며, 그 바로 옆엔 숙성 중인 고기가 담긴 냉장고가 있다. 이곳에서 소갈비와 돼지고기를 직접 정육하고, 숯과 짚불로 초벌구이해 손님상으로 방식이다. 전남 무안군 몽탄면의 '두암식당'에서 짚불구이 조리방식을 배웠다.

메뉴는 우대갈비와 짚불항정살 두 가지로 심플하게 구성되어 있다. 우대갈비는 미국산 소갈비를 사용하고, 항정살은 국내산 돼지를 사용한다. 초벌구이한 고기를 손님상의 솥뚜껑 불판에서 한 번 더 익혀 먹는 방식이다. 초벌된 고기는 훈련을 거친 전문 서버가 직접 구워준다. 또한, 불판엔 가래떡, 대파, 통마늘을 함께 올려 굽는다. 식사 메뉴로는 된장찌개와 냉면, 양파볶음밥 등이 있다. 밑반찬으로는 무안의 대표 음식인 양파김치와 살얼음이 낀 무생

채를 낸다. 소스 역시 명이나물을 갈아서 넣은 고추냉이부터 청어알, 보리된장, 어리굴젓, 소금까지 다양하게 낸다.

몽탄의 주요 메뉴는 우대갈비이다. '우대(牛大)'는 '소의 큰 뼈'라는 의미로, 원래 있던 용어는 아니고 몽탄에서 처음 사용하기 시작했다. 몽탄의 우대갈비가 큰 인기를 끌면서 지금은 고기 관련 업체들도 우대갈비라는 말을 사용하고 있다. 국내 최고의 숙성육 전문가 중 한 명으로 인정받고 있는 최정락 셰프(마스터JL)가 추천

해 탄생하게 됐다. LA갈비와 같은 부위인 소의 6, 7, 8번 갈빗대를 뼈째 세로로 길게 자른 형태가 바로 '우대갈비'라고 한다. 갈빗살은 소갈비 중 가장 맛있는 진갈비를 활용하여 만든 양념육이다.

우대갈비는 2인분 이상 주문할 수 있다. 2인분에 500g이지만, 뼈가 워낙 큰 편이라 실제 고기양은 그렇게 많지 않다. 100g당 1만 원쯤이라고 볼 수 있다. 미국산 소고기임에도 가격이 한우와 다를 바가 없는데도 인기를 끄는 건 그만큼 상품성이 좋다는 의미. 우대갈비는 살짝 양념 되어 있어 적당한 단맛과 짠맛을 낸다. 거기에 숯향과 짚불향까지 입혀져 한국인이라면 누구나 좋아할 맛을 낸다. 고추냉이를 곁들이면 좋다. 뼈에 붙은 갈빗살도 전문 서버가 싹 발라서 올려준다. 이는 간장소스를 곁들이길 추천한다. 적은 인원이라면 우대갈비만 공략해도 충분하며, 여럿이 동행할 땐 우대갈비와 삼겹살 두 가지를 모두 맛보는 것을 추천한다.

비주얼 면에서는 우대갈비가 압도적이지만 또 다른 주요 메뉴인 '짚불항정살' 역시 그만의 매력을 가지고 있다. 몽탄의 시초가 된 고깃집의 두툼의 '껍데기항정'이 연상된다. 일반 항정살에 비해 비계가 더 많이 붙어 있어 잘 구워 먹으면 고소한 맛이 좋다. 기름기가 많지만 그만큼 더 고소한 부위다. 무안에서 직접 공수한 짚불향이 워낙 좋아 한입 먹는 순간 일반적인 항정살과는 다른 풍미가 입안 가득 퍼진다. 지난 5년 동안 몽탄은 제주산 흑돼지 삼겹살을 내왔다. 하지만 삼겹살은 요즘 많은 고깃집에서 잘 나오기 때문에 굳이 몽탄에서 먹을 필요가 없었다. 우대갈비만 먹기 애매할 때 삼겹살을 주문하는 식이었다. 이제는 짚불항정살로 메뉴를 특성화했다. 메뉴를 추가할 수 있었지만, 구성을 변경하여 심플함을 유지했다. '초된장'은 고추장아찌, 간 마늘, 올리브유를 첨가해 만들어 짚불항정살의 맛을 더욱 돋보이게 한다.

된장찌개 역시 일품이다. 비주얼부터 큼지막한 애호박이 듬성듬성 들어가 있다. 두툼하고 칼칼한 된장찌개 맛이 고기 맛을 배가시켜준다. 시즌에 따라 약간의 변화를 준다. 된장찌개는 식사로 나중에 먹기보다는 고기와 함께 맛보길 추천한다. 된장찌개는 고기와 볶음밥과 함께 먹었을 때 느끼함을 깔끔하게 잡아준다. 양파볶음밥은 식사 마무리로 좋다. 무안의 특산물 양파를 전면에 내세운 양파볶음밥은 구운 양파, 김치, 옥수수를 볶은 밥에 고추기름을 첨가했다. 볶음밥엔 우대 갈빗대에서 바른 갈빗살을 올려 먹으면 좋다.

몽탄 조준모, 조승모 두 대표 형제의 남다른 행보

조준모 대표는 드라이에이징한 돼지고기를 취급하는 고깃집 '두툼'을 시작으로, '몽탄'을 경영하고 있다. '몽탄'의 자매점으로 오픈한 등심주물럭과 우설이 맛있다는 남영동 '초원'은 조준모 대표의 동생 조승모 대표가 경영하는 식당이다. '몽탄'의 조준모 대표와 '금돼지식당'의 신재우 대표 그리고 한우전문점 '뜨락'과 냉동 삼겹살 브랜드 '행진'의 김재균 대표는 '코리아 미트 클럽(KMC, Korea Meat Club)'을 만들어 오리고깃집 '뚝도농원'과 포장마차 콘셉트의 '하니칼국수', 한국식 바비큐 브랜드 '수티(Sooty)'그리고 '영동장어'를 만들었다. '단풍닭발'은 '무탄'의 윤준원 사장과 조준모, 조승모 두 사장님 형제가 합심해서 만든 가게다. '달래해장'은 (구)'혜장국'의 정연곤 대표와 조준모, 조승모 두 사장님 형제가 힘을 합쳐서 만든 해장 브랜드이다. 발산 마곡에 '산청숯불가든' 역시 '몽탄'의 조준모 대표가 새롭게 오픈한 식당이다.

번개로드 ◆

돼지고기 ❾

부암갈비

"생돼지갈비 하면
여전히 가장 먼저 떠오르는 곳"

번개맨 한줄평

점포명	부암갈비
주소	인천광역시 남동구 간석동 130-12 간석오거리역 부근
영업시간	매일 12:00 - 24:00 breaktime 14:30 - 16:00, 화요일 휴무
주요 메뉴 및 가격	생돼지갈비(19,000원, 200g), 젓갈볶음밥(3,000원), 계란말이 2알(2,000원), 된장찌개(1,000원), 꽈리고추(1,000원), 소주(5,000원)
번개맨의 추천 메뉴	생돼지갈비(19,000원, 200g), 젓갈볶음밥(3,000원)
1인당 가격	20,000원 ~ 30,000원
방문 계획 세우기	보통 저녁 7시에 붐빔 주말 최대 대기 1시간

인천의 '부암갈비'는 생돼지갈비 맛집이다. 문을 연 지 30년이 넘었다. 생돼지갈비가 유명한 데가 많이 없다. 취급할 수 있는 데가 별로 없어서다. 생돼지갈비를 좋아하는 사람들이라면, 서울에서도 인천으로 찾아갈 만한 가게이다.

생돼지갈비는 삼겹살과는 다르게 씹는 질감이 있으며, 풍부한 기름기를 갖고 있다. '부암갈비'가 취급하는 고기는 계절에 따라 각각 다른 곳에서 가져온다고 한다. 기온에 따라 고기의 퀄리티가 달라지기 때문이다. 겨울에는 남쪽, 여름에는 북쪽이라는 정도만 알려져 있다. 구체적인 장소는 영업 기밀이라고 한다.

'부암갈비'의 또다른 포인트는 반찬이다. 기본 찬으로 고추장아찌, 갓김치, 부추와 갈치속젓을 준다. 불필요한 반찬이 나오지 않고, 생갈비와 곁들이기 좋은 반찬만 간단하게 제공한다. 생돼지갈비가 아무래도 기름지다 보니 향이 강한 찬과 잘 어울린다. 반찬

수에 따라 먹는 방법도 3가지다. 갓김치와 고추 모두 통으로 가져와 손님 앞에서 그 자리에서 가위로 잘라 준다. 반찬을 재활용하지 않는 걸 알 수 있다. 갓김치는 리필이 가능하다.

서비스로 계란말이를 만들어 준다. 고기를 다 먹어갈 때쯤 불판 가장자리에 고인 생갈비 기름 위로 계란을 풀어 부어준다. 라드(돼지기름)에 튀기듯 구운 계란말이는 여느 분식집, 술집에서 시켜 먹는 계란말이와 비교해서도 꿇리지 않는다.

젓갈볶음밥은 찬으로 제공했던 갈치속젓을 베이스로 한 식사이다. 원래는 직원이나 몇몇 단골들에게만 제공되는 메뉴였다고 한다. 이제는 정식 메뉴로 제공된다.

'부암갈비'는 웨이팅이 상당하기로 유명하다. 이전보다 확장했음에도 평일 저녁 6시 넘은 시간에 먹으려면 긴 대기시간을 각오해야 한다. 식당 왼편에 대기실도 따로 마련되어 있다. 대기실에는 여러 유명인의 사인들이 걸려있다. 특히, 인천이라 SSG 랜더스 소속 야구선수들의 사인들이 많이 걸려있다.

돼지고기 ⑩

삼각정

"철근 같은 불판에 구워 먹는
돼지 특수부위"

번개맨 한줄평

점포명	삼각정
주소	서울특별시 용산구 한강대로 151 **삼각지역 부근**
영업시간	매일 17:00 - 22:30 **일요일 휴무**
주요 메뉴 및 가격	갈매기살(18,000원, 150g), 모소리살(19,000원, 120g), 가오리살(18,000원, 120g), 목살(18,000원, 150g), 삼겹살(18,000원, 120g), 이겹살(18,000원, 120g), 돼지껍데기(7,000원), 내장탕(14,000원)
번개맨의 추천 메뉴	갈매기살(18,000원, 150g), 모소리살(19,000원, 120g), 내장탕(14,000원)
1인당 가격	40,000원 ~ 50,000원
방문 계획 세우기	보통 저녁 7시에 붐빔 **최대 30분 대기**

삼각정

용산구 삼각지역 인근에 있는 '삼각정'은 돼지고기 특수부위 구이로 유명한 곳이다. 삼겹살과 목살뿐 아니라 갈매기살, 모소리살, 가오리살, 돼지껍데기 등 다양한 특수부위와 함께 내장탕을 즐길 수 있는 곳이다. 돼지고기 신흥 강호가 많이 생기는 한편에 '삼각정'은 전통의 강호로 자리를 지키고 있다. 돼지고기를 좋아하는 이라면 꼭 경험해 봐야 할 곳 중 하나이다.

'삼각정'의 메뉴는 일반적인 고기(삼겹살, 목살)도 팔지만, 갈매기살, 모소리살, 가오리살, 이겹살 등이 있다. 다소 생소한 이름인데, 돼지고기 특수부위를 보통과는 다르게 정형한 것이다. '삼각정'에서는 부위에 따라 120g에서 150g 정도의 고기를 제공하며, 가격은 18,000원에서 19,000원 사이다. 가격은 조금 비싼 편이지만, 맛과 퀄리티는 확실하다.

'삼각정'은 연탄과 철근 모양의 불판을 사용한다. 연탄불은 화

삼각정

력이 강하기에 두툼한 불판을 따로 제작했다고 한다. 구워 주는 건 아니고 직접 구워 먹으면 된다. 주방은 1층 한편에 마련되어 있어 오픈형 주방 느낌을 준다. 한여름에 '삼각정'을 방문하면 직원들이 거의 냉동시킨 수건을 목에 두르라고 준다. 이는 더운 여름철에도 돼지 구이를 찾는 손님들을 위한 서비스다.

'삼각정'에서는 간장양념과 부추, 양배추 등의 채소를 밑반찬으로 낸다. 간장소스에는 청양고추가 첨가되어 있다. 단골들은 이 고추를 채소 쪽으로 옮겨서 따로 먹는다. 고추를 따로 고기와 함께 먹으면 한층 더 맛있게 먹을 수 있기 때문이다. 소스에는 이미 청양고추의 매콤함이 스며들었기에 소스는 소스대로 매콤함을 즐길 수 있다.

'삼각정'의 가장 대표적인 메뉴는 모소리살이다. 다소 생소한 이름의 모소리살은 사실상 항정살이다. 항정살을 다른 곳과 조금 다른 독특한 커팅으로 정형해 기름기를 제거했다. 모소리살은 생김새부터 우유를 칠한 것처럼 뽀얀 느낌을 준다. 연한 고기 빛에 촘촘하게 박힌 기름기로 군침을 돋우는 비주얼을 가지고 있다. 맛 역시 부드럽고, 고소하다. 그램 수 대비 가격이 가장 비싸고, 가장 인기 있는 메뉴다. 갈매기살은 마치 소고기 안창살과 같이 진한 육향을 즐길 수 있는 부위로, 씹는 식감이 좋다. 가오리살은 가브리살을 얇게 펴서 썰어낸 것으로 부드러운 식감이 좋다.

'삼각정'의 또 하나의 별미는 내장탕이다. 보통 고깃집 식사로 대부분 된장찌개와 밥을 내놓는 거에 반해 '삼각정'은 내장탕이 메뉴에 있다. 내장탕은 돼지구이의 다소 느끼한 맛을 깔끔하게 가시게 해준다. 특이한 건 돼지고기 특수부위로 유명한 식당임에

삼각정

도 돼지 내장탕이 아닌 소 내장탕을 낸다는 것이다. 이유를 물으니 "예전엔 소 곱창과 양을 취급했었기 때문"이라고 답했다. 그 흔적은 메뉴판에 남아있다. 지금은 가려져 있지만, 메뉴판에 소고기 항목이 있다. 내장탕을 시키면 공깃밥 한 공기가 함께 제공된다. 따로국밥처럼 먹을 수도 있지만 '삼각정'의 내장탕은 밥을 말아 불에 올려놓고 천천히 끓여 먹는 게 포인트다. 내장탕 밥 위에 잘 구운 모소리살 하나 얹고, 소주 한잔 곁들이면 그 이상의 마무리는 없다.

'삼각정'은 항상 긴 웨이팅으로 자리 잡기가 여간 어려운 곳이 아니다. 오후 5시에 문 열자마자 오픈런이 있을 정도다. 오후 6시 전에 도착해도 1층은 만석인 경우가 대부분이다. 2층도 절반 정도는 이미 차 있다. 만약 오후 6시 이전에 가기 어렵다면, 오후 9시쯤에 2차로 방문하여 간단히 식사하는 것이 차라리 좋다. '삼각정'을 제대로 즐기기 위해서는 대로변에서 보이는 1층과 2층에서 식사하는 것을 추천한다.

뒷고기의 어원

뒷고기는 간단히 말해서 돼지고기 모둠이다. 눈살, 볼살(뽈살), 턱밑살, 혀살, 항정살 등 6~7가지 특수부위가 섞여 있어 고기의 모양이나 맛이 일정하지 않은 것이 특징이다.

이 음식이 탄생한 경남 김해가 앞에 붙어 흔히 '김해 뒷고기'라고 부른다. 김해에는 도축장이 2곳이나 있다. 1980년대 이 도축장에서 일하는 기술자들이 돼지를 손질하면서 조금씩 잘라내서 허름한 선술집이나 포장마차에 팔아 용돈벌이했다고 한다. '뒤로 빼돌린 고기'라고 해서 뒷고기로 통하게 됐다고 한다. 한 부위에서 많이 떼어내면 금세 티가 나기 때문에 여러 부위에서 조금씩 잘라냈다. 뒷고기에 온갖 부위가 두루 섞인 이유다.

1990년대 들어서 도축장 관리가 철저해지면서 빼돌리기 어렵게 됐다. 이때부터 뒷고기는 부산물이라 도축장에서 경매 없이 구입할 수 있는 돼지머리를 사용하게 됐다. 이제 뒷고깃집들에서는 통상 돼지머리에서 분리한 5~6가지 부위에 삼겹살이나 목살 따위를 섞어서 낸다.

성산왕갈비

돼지고기 ⑪

"서울 시내에서
맛있는 생돼지갈비를 맛볼 수 있는 곳"

번개맨 한줄평

점포명	성산왕갈비
주소	서울 마포구 월드컵북로 233 성산시영아파트내 상가 **월드컵경기장역 부근**
영업시간	매일 11:30 - 21:00 평일 **breaktime 15:00 - 17:00**
주요 메뉴 및 가격	돼지생왕갈비(20,000원), 한우등심(50,000원), 공기밥(2,000원), 복분자(15,000원), 청하(7,000원), 맥주(5,000원), 소주(5,000원), 외부 주류 반입시 1병당(10,000원)
번개맨의 추천 메뉴	돼지생왕갈비(20,000원), 공기밥(2,000원)
1인당 가격	30,000원 ~ 40,000원
방문 계획 세우기	보통 저녁 7시에 붐빔 **주말 최대 15분 대기**

'성산왕갈비'는 서울 시내에서 맛있는 생돼지갈비를 맛볼 수 있는 곳이다. 서울권에서 양념갈비가 아닌 생돼지갈비를 맛볼 수 있는 곳은 흔치 않다. 갈비뼈에 전지, 목살 같은 부위를 식용접착제로 발라 붙인 돼지갈비가 아닌 제대로 된 생돼지갈비를 취급한다. 인천에 부암갈비가 있다면, 서울에는 '성산왕갈비'가 있다.

'성산왕갈비'의 대표 메뉴는 당연히 돼지생왕갈비다. 4인분 단위로 주문해야 통갈비에 붙은 돼지갈비가 제공된다. 이곳에서는 이를 '한 판'이라 표현한다. 한 판으로 내는 것이 제일 좋은 부위를 주기 좋다고 한다. 질 좋은 생갈비는 양념도 필요 없이 소금으로만 간을 살짝 해서 제공된다. 돼지고기임에도 숯을 쓴다. 고기가 두툼하여 꽤 오래 익혀야 하는데 전부 구워준다. 먹기 좋게 컷팅까지 해준다. 마늘도 통마늘로 구워주는데, 이 또한 별미다.

돼지갈비는 고소한 맛이 좋으면서도 기름지지 않고 담백하다.

처음에는 아무 양념을 찍지 않고 먹어보길 추천한다. 그대로 먹었을 때 입안에서 살짝 퍼지는 풍미를 제대로 느낄 수 있다. 4인분(한 판)치고는 양이 많지는 않다. 보통 성인 남성 기준으로 2명이 4인분 먹으면 적당하다. 고기를 엄청나게 먹는 나 같은 경우는 마음먹으면 한 판을 혼자서 먹을 수 있다. 가격이 전체적으로 싼 건 아니다. 하지만 요새 물가와 고기의 질을 생각하면 그리 비싸게 느껴지지 않는다.

고기뿐 아니라 서비스로 제공되는 된장찌개도 또 하나의 포인

트다. 서비스 된장찌개는 공깃밥을 시키지 않아도 제공된다. 집된장에 호박, 양파, 버섯, 두부를 넣고 푹 끓여 건더기가 물러질 정도가 된 된장찌개는 진국이다. 고깃집에서 나오는 것치고는 수준급이다. 자연스레 공깃밥을 시키게 된다.

'성산왕갈비'는 월드컵경기장 근처 시영아파트 상가 내에 있다. 일반 아파트 상가 2층에 맛집이 숨겨져 있으니 다소 생뚱맞게 느껴지기도 한다. 위치상 주로 가족 단위 손님들이 많은 편이다. 통유리 창이어서 창밖으로 보이는 경치가 괜찮다.

크라운돼지

> "초벌 하는 동안 훈연향을 입혀 나온 지방 높은 돼지고기"

번개맨 한줄평

점포명	크라운돼지
주소	서울 강남구 강남대로156길 17-1 신사역 부근
영업시간	평일 16:00 - 22:00 주말, 공휴일은 12:00부터
주요 메뉴 및 가격	티돈스테이크 세트(티돈스테이크, 오겹살, 쫄데기살 | 59,500원, 680g), 돈마호크 세트(돈마호크, 오겹살, 쫄데기살 | 59,500원, 550g), 쫄데기살(17,000원, 160g), 오겹살(18,000원, 160g), 돈마호크(28,500원, 270g), 티돈스테이크(32,000원, 400g), 크라운 김치찌개(7,000원), 크라운 볶음밥(7,000원), 크라운 짜글이(7,000원), 제주위트에일(8,000원), 한라산 21도(7,000원)
번개맨의 추천 메뉴	돈마호크 세트(돈마호크, 오겹살, 쫄데기살 | 59,500원, 550g), 쫄데기살(17,000원, 160g), 오겹살(18,000원, 160g), 돈마호크(28,500원, 270g), 크라운 볶음밥(7,000원)
1인당 가격	20,000원 ~ 30,000원
방문 계획 세우기	일정치 않음

'크라운돼지'는 서울에서 수준 높은 제주 돼지고기를 즐길 수 있는 식당이다. 제주 흑돼지 품종인 '난축맛돈'을 사용한다. '크라운돼지'는 서울권에서 처음으로 '난축맛돈' 원육을 선보였던 식당으로 알려져 있다. '난축맛돈'은 제주 토종 흑돼지를 복원하여 특허 등록된 품종으로, 특유의 짙은 색깔과 쫄깃하고 아삭아삭한 식감을 갖고 있다. 식당 이름의 유래도 여기에 있다. '크라운돼지'를 이끄는 송훈 셰프가 '돼지 중에서 최고'라는 의미를 담아 왕관을 쓴 돼지, '크라운돼지'로 이름 지었다. '난축맛돈'의 원가가 워낙 높기 때문에 프리미엄 돼지고기 요리를 경험하고자 하는 이들에게 추천한다.

돈마호크는 '크라운돼지'의 시그니처 부위이다. 소고기 스테이크 '토마호크'의 이름을 따와서 불리는 부위로 갈비, 등심, 가브리살로 구성되어 있다. 돈마호크는 뼈 등심이나 프렌치렉이라고

도 불린다. 흔히 일본식 돈카츠 전문점들에서 사용되는 지방이 붙은 돼지등심에 뼈가 붙은 부위라고 보면 된다. 돈마호크는 단품 메뉴로 즐길 수 있을 뿐만 아니라, 오겹살과 쫄데기살과 함께 구성된 '돈마호크 세트' 메뉴로 주문할 수 있다. 쫄데기살은 항정살, 부채살이 랜덤하게 커팅되어 쫄깃한 식감이 특징인 앞다리 어깨살이다. 지방이 가장 적은 부위라 담백하다.

고기는 초벌로 제공되는데, 초벌은 이 3단계로 이뤄진다고 한다. 1차로 경력 10년 이상의 베테랑 셰프가 두꺼운 돌판에 고기를 굽고 일명 시어링을 한다. 2차로 사과나무와 백탄을 사용하여 초벌 한다. 3차로 참나무 스모크를 활용하여 최종 초벌 한다. 스모크박스에 초벌한 고기를 담아낸다. 초벌한 고기를 꺼낼 때 사과나무, 참나무의 향이 퍼진다. 초벌한 고기라 빠르게 구워진다. 돼지고기 특유의 잡내가 없고, 훈연향이 식욕을 자극한다. 단, 훈연향이 생

각보다 깊어 손님마다 호불호가 있을 수 있다.

'크라운돼지'의 파무침은 제주 고사리와 콩나물이 들어있어 씹는 맛이 좋다. 기름진 돼지구이와 곁들이기 좋으며, 리필이 가능하다. 크라운 볶음밥은 갈치속젓 베이스에 김치, 깻잎이 들어간 식사 메뉴로 1인분씩 팬에 담아내 가성비가 좋다. 과거 맛있게 먹었던 크라운 몸국은 현재는 판매하지 않는다.

'크라운돼지' 신사본점은 단독주택을 리모델링한 카페 느낌이다. 내부는 1, 2층으로 테이블은 대략 20개 정도 있다.

나가는 글

난 식도락을 못 즐기면 인생이 우울해진다. 방송일을 시작한 지 얼마 되지 않았을 때 그랬다. SPOTV에 입사해 죽도록 일했지만, 한 달에 겨우 80만 원 정도 받으며 일했다. 지금보다 훨씬 과로하면서 일했을 때 겨우 한 달에 140만 원을 받을 수 있었다. 차 기름값만 5만 원인 지방 중계의 출연료는 3만 원을 받았다. 게다가 뉴스 편집까지 담당해야 했다. 자연히 식도락을 같이 즐기던 친구들과 연을 끊을 수밖에 없었다. 남이 사주는 걸 별로 원치 않았다. 그 시절 인생이 되게 우울했다. 식도락이 내 삶에 미치는 영향은 크다.

나는 일을 특별히 즐기지는 않는다. 어려움이나 힘든 점을 크게 느끼지 않는 성격 때문에, 해야 할 일은 단순히 수행하는 것뿐이다. 그렇다면 왜 이렇게나 열심히 돈을 벌고 싶어 할까? 돈을 아끼다보면 선택의 여지가 상당히 줄어들게 되는 것 같다. 계속 대안을 선택해야 하니 충분히 즐길 수 없다. 그러다 보면 삶의 재미를 잃어버리는 것 같다. 물론, 저렴하면서도 맛있는 식당들도 있다. 하지만 가끔 고급 레스토랑에서의 식사를 즐기고 싶다. 그곳에서 보내는 시간이 행복하다면, 그런 행복을 계속 이어가기 위해 돈을 벌어야 한다는 생각이 든다.

『번개로드』가 참조한 주요 레퍼런스 중 하나인 〈최자로드〉의 2019년 3월 24일 방송된 'Ep.3 한우 오마카세' 에피소드에서 봤던 인상 깊은 장면이 있었다. 이 에피소드에서는 프라이빗 오픈 그릴 레스토랑 '모퉁이우 ripe'을 소개했다. 1인당 코스 가격이 25만 원으로 가격이 만만치 않은 곳이다. 한우 오마카세를 김호영 셰프가 낸다. 최자 씨는 '모퉁이우 ripe'에 대해 "이곳은 나에게 더 열심히 일할 동기부여를 제공한다"라며 "돈을 열심히 벌고 일하는 이유는 맛있는 것을 먹기 위함"이라고 말했다.

내 생각과 똑같다. 어떤 고급 레스토랑의 음식이 너무 맛있어 다시 방문하고 싶다면 더 많은 돈을 벌어야 한다. 이런 과정이 선순환으로 계속 이어졌으면 한다.

예전부터 죽기 전에 방송 일 외에도 해보고 싶은 일이 있다면 외식업과 호텔업이라 말해왔다. 정말 어릴 때부터 꿈꿔왔다. 마치 2,100만 방문자를 보유한 미식 블로거 팻투바하, 김범수 씨처럼 말이다. 그는 2004년부터 12년여간 미식 블로그를 운영하며 국내는 물론 아시아, 미국, 아프리카 등 해외 각지 4,000여 곳 맛집은 물론 여행, 호텔, 패션 등을 다뤘다. 2008년에 신세계그룹 상무로 영입돼, 2011년 '레스케이프(L'Escape)' 호텔의 초대 총지배인이 됐다. 그에게 흥미를 느낀 건 내가 꿈꾸는 일을 현재 하고 있었기 때문이다. 언젠가 그와 같이 나만의 특별한 콘셉트를 가진 호텔을 만들고 경영하고 싶다. 『번개로드』는 나의 오랜 꿈을 이루기 위한 작은 발걸음이라 생각해주면 좋겠다.

어린 시절부터 오랜 시간 식도락을 즐겨왔다. 그동안의 경험을 통해 식도락에 관한 작은 팁 정도는 줄 수 있지 않을까 생각했다. 또한, 전문가와의 간극을 줄일 수 있지 않을까 생각했다. 그간 방송에서 내가 주로 맡았던 역할이 그런 일을 하는 것이기 때문이다. 나 역시도 전문가와 입문자 그 중간에 속해있기에 중간자로서 역할을 할 수 있겠다고 생각했다. 앞서 이야기한 것처럼 이 책은 식도락 입문자 혹은 초심자를 위한 책으로 만들어졌다. 내가 이런 책을 써도 되는지에 대해선 아직도 스스로 의심을 가지고 있긴 하다. 전문가들은 제멋대로인 나의 설명에 버럭 화를 낼지도 모르겠다. 그렇지만 독자에게 중계를 하듯 쓴 책이므로 가끔 웃으며 편하게 읽어주길 바라는 마음이 있다.

마지막으로 언젠가 기회가 된다면 책에서 언급한 여러 블로거들에게 감사 인사를 전하고 싶었다. 예전부터 지금까지 오랫동안 봐왔고, 영향 많이 받았고, 그동안의 노고에 경의를 표하고 싶었다고. 무엇보다 당신들 덕분에 식도락 하는 즐거움을 알게 돼 고마웠다고. 존경의 의미를 담아.

참고자료

삼각정
신문 기사
김성윤, 「뒷고기를 아십니까?」, 『조선일보』, 2016.2.8., https://premium.chosun.com/site/data/html_dir/2016/02/04/2016020402952.html
강창덕, 「[갱]뒷고기의 친정이 된 김해」, 『경남도민일보』, 2014.10.24., https://www.idomin.com/news/articleView.html?idxno=463217

매화반점
신문 기사
양태삼, 「〈조선족 1% 시대〉① 팽창하는 조선족 타운」, 『연합뉴스』, 2011.7.4., https://n.news.naver.com/mnews/article/001/0005144512?sid=102
유성호, 「[유성호의 '맛있는 동네 산책' 우한코로나 공포를 잊게 만든 건대 양꼬치집」, 『스카이데일리』, 2020.3.1., https://skyedaily.com/news/news_view.html?ID=100112
백민경, 「[테마 스토리 서울] ⑵ 자양동 양꼬치거리」, 『서울신문』, 2009.12.11., https://www.seoul.co.kr/news/newsView.php?id=20091211028026
유성열, 「[수도권/그 골목엔 뭐가 있다]〈22〉광진구 '양꼬치 거리'」, 『동아일보』, 2009.5.4., https://www.donga.com/news/article/all/20090504/8727748/1

레드문
도서
이근희, 민은실, 전경우, 오영제 지음, 『다이닝 인 서울』, 쌤앤파커스, 2011.

오구반점
신문 기사
박상현, 「[박상현의 끼니] 목포 '중깐'의 딜레마」, 『국제신문』, 2021.1.26., http://www.kookje.co.kr/news2011/asp/newsbody.asp?code=1700&key=20210127.22021007401

인랑훠궈
웹페이지
「쓰촨 요리」, 위키백과, https://ko.wikipedia.org/wiki/%EC%93%B0%EC%B4%A8_%EC%9A%94%EB%A6%AC

도서
정보상 지음, 『베스트 중국여행』, 상상출판, 2014

향미
신문 기사
박미향, 「한국 속 중국맛, 주인장 출신 따라 '향토색'」, 『한겨레신문』, 2008.4.2., https://www.hani.co.kr/arti/culture/travel/279512.html
매거진
김선미, 「[서울 동네] 연남동, 리틀 차이나의 흔적」, 『빅이슈코리아』, 1월호 219호.

중화요리와 돼지고기

초판 1쇄 펴낸 날 | 2023년 8월 18일

지은이 | 박종윤
펴낸이 | 홍정우
펴낸곳 | 브레인스토어

책임편집 | 김다니엘
편집진행 | 차종문, 홍주미, 박혜림
디자인 | 이예슬
마케팅 | 방경희
정리 | 최재윤

주소 | (04035) 서울특별시 마포구 양화로 7안길 31(서교동, 1층)
전화 | (02)3275-2915~7
팩스 | (02)3275-2918
이메일 | brainstore@chol.com
블로그 | https://blog.naver.com/brain_store
페이스북 | http://www.facebook.com/brainstorebooks
인스타그램 | https://instagram.com/brainstore_publishing

등록 | 2007년 11월 30일(제313-2007-000238호)

ⓒ 브레인스토어, 박종윤, 2023
ISBN 979-11-6978-012-4 (03980)

* 이 책은 저작권법에 따라 보호받는 저작물이므로 무단전재와 무단복제를 금하며, 이 책 내용의 전부 또는 일부를 이용하려면 반드시 저작권자와 브레인스토어의 서면 동의를 받아야 합니다.